世にも恐ろしい
中国人の戦略思考

麻生川静男
Asogawa Shizuo

小学館新書

世にも恐ろしい中国人の戦略思考

目次

頑強な抵抗をした高句麗の将を誉めた唐の太宗／私怨と公義は別物
数百人が身代わりにと、助命嘆願／敵であっても義を誉める
戦場における義／義の行為の数々／権道という超法規的手段
窃盗、公文書偽造、殺人でも是認された「権」
内通の手紙を読まずに焼いた光武帝／やはり手紙を焼いた曹操、郭威
権謀に長けた北魏の馮太后

第3章 ウルトラ善人から極悪人まで……121

君子然としていては生きられない／護民官と諫議大夫／朱雲の折檻
始皇帝の親不孝を諫めた茅焦／趙普の沈着な諫言
隋の文帝に「人命は尊い」と抗議した屈突通
極悪な所行もまた「伝統文化」／20万人の無差別大虐殺
1人が死ぬと大勢が巻き添えに／オールマイティのはずの鉄券が無効に
宮中に渦巻くどす黒い嫉妬／明代、朝鮮からの貢女の悲劇
正しい記録を残そうとする史官の伝統

序章
中国人の本質に迫る

中国人を正しく理解する

かつて「文明の生態史観」を唱えた故・梅棹忠夫(うめさお)氏は次のように述べている。

「アジアの大陸的古典国家は、人間のあらゆる悪—悪ということばは悪いですが—どろどろした人間の業(ごう)がいっぱい詰まっているところなのです。日本人のようなおぼこい民族が手をだしてうまくいくものと違うのです。わたしはアジアをずいぶん歩いていますので、そのことを痛感しています。」(『文明の生態史観はいま』梅棹忠夫・編、中公叢書)

おぼこい(naive)日本人には、アジアの古典国家の人々の言動には想像すらできないことが多いということだ。彼らの思考回路が理解できていないと、その言動に対処のしようがない。日本人が中国人と付き合う時に、時として日本人が想像もしないような行動をとられて驚くことがある。しかし、そのような行動は中国人にとっては非日常的ではあるかもしれないが、常識の範囲内にある。しかし日本人は「まさかそれほどまで悪いことを考えるはずがない。きっと別の意図があるに違いない」と日本人の倫理観や論理で理解しようとする。その結果、対応を見誤ることが多い。特に中国の政治家や政府高官に顕著であるが、誠実よりも謀略を好み、巧妙に本心を隠し通すため、表面的な言辞だけでは本当の意図を探ることは難しい。西側の自由主義社会と異なり、彼らには国民に対する説明責任が一切ない。それ故、口で言っていることは、必ずしも本心ではないし、多少の論理矛盾があっても、意見をごり押しすることができる。長い伝統に立脚した中国人には彼ら独自の論理や詭弁があり、それは西側の論理とは異なる。

それ故、私は前著『本当に残酷な中国史　大著「資治通鑑（しじつがん）」を読み解く』（角川新書）の冒頭で、「『資治通鑑』を読まずして中国は語れない、そして、中国人を理解することも不可能である」と述べて、『資治通鑑』を読む必要性を力説した。資治通鑑は、中国の歴史書であるが、数ある中国の歴史書や解説書の中で、なぜ資治通鑑を読む必要があるのか？それは資治通鑑をじっくりと読むことで、現代中国というとらえどころのない国家、国民を根本から理解することができるからだ。

現代の中国社会に発生するさまざまな問題──環境破壊、政治腐敗、農村問題、人権問題、少数民族―の根っこの部分は彼らの伝統的な考えに起因する。

資治通鑑を読むことで、現在中国の抱えている問題の多くは、なにも最近になって初めて噴出してきたのではないことを知ると、問題の根っこは「共産党」や「一党独裁」にあるのではないことが分かる。ましてや「社会主義市場経済」のせいではない。問題の本質は「自己の利益を最優先に考える、他人の命をないがしろにする、法よりも人脈（関係）を優先する」という中国の伝統的な考えそのものにあるということが分かる。

日本人は明治以降、近代西洋文明に文明の範を求めてきた。中国も表面的には、日本と同じ方向に進んでいるように見えるが、内実は、いまだに伝統的な価値観を堅持している。この点を正しく理解せず、彼らの奸計や脅迫に、つい日本人的情緒で対応してしまうと、常に間違った道に迷い込む。そうなると、いくら懸命に日中間の課題解決に努力しようとしたところで、『戦国策』にいう「なお楚に至らんとして北に行くがごときなり」（猶至楚而北行也）のように、いつまでたっても正しい結論には到着できず、さまようことになる。

残酷、陰険な場面を書く理由

本書には残酷な場面や陰険な策略など、中国人の悪事がいくつも出てくる。私がなぜそのような気分を悪くさせることを書くのか、その理由を説明しよう。

現在、イスラム国（ＩＳ）や世界各地で多発しているテロ事件を見ても分かるように、理念やきれいごとでは済まされない世界に我々は住んでいる。彼らにはなぜあのような悪業がすらすらと実行できるのか？　この点を理解するには、まず彼らの過去の歴史における行動を知る必要がある。それというのも、近代西欧型の政治理念や倫理観がいわばグローバルスタンダードとなった感のある現代においても、各文化圏のもっている伝統的価値観は非常に根強く生きているからである。つまり、現代の問題を理解するにも、歴史的視点が必須となるわけだ。しかし、当然のことながら、過去に遡（さかのぼ）ると現代人のもつ人権意識や法治の概念からは考えられない残虐非道な行いを数多く目にすることになる。

日本でも過去の歴史には数多くの残虐な行為があった。鎌倉時代以降、武家社会となって微罪でも厳罰に処するという傾向は認められるものの、残酷な刑罰はあまり見られない

（例外的な事例としては、織田信長による荒木村重の一党の虐殺、豊臣秀吉による秀次妻子の処刑、および江戸時代におけるキリシタン迫害などが挙げられる）。しかも中国も含め世界の他の文明国と比べると、日本での残虐な行為はどこか悪に徹しきれていない感がある。いってみれば「思いつきレベル」であるのだ。それに対し、アジア大陸の古典国家では残虐な行為は「強固な長き（かつ悪しき）伝統」であるといえる。これらの国々との比較から、**日本人は残虐性に対して耐性がない**、というのが私の主張である。

その原因の一つに、他の文明国と比べ、日本だけ大規模な牧畜の歴史が全くないことが挙げられる。牧畜民族は日常的に家畜を殺し、皮を剥いでいるため、血を見ることに対する耐性があるので、人間に対する残虐行為も日本人ほどには酷たらしく感じられないのであろうと想像される。

残虐性や奸計に耐性のない日本人は、得てして他国人も同じような思考回路をもっているはずと勝手に思い込んだまま、グローバルイシュー（国際的課題）に対応しようとするから失敗するのだ。消防の避難訓練や、あるいは記者会見の前に想定問答集を作って本番に備えるように、予め相手の行動が予測できていると対応を誤ることが少ない。これはリスクマネージメントの基本だ。この意味で、本書で中国人の悪事を数多く書いているのは、日本の固定観念を打ち砕き、思考の範囲を広げ、結果的に日本人の国際対応力を増すためである。

資治通鑑の価値とは

資治通鑑とはどのような本か。前著で詳しく触れたので簡潔におさらいしたい。資治通鑑は、紀元前5世紀から紀元後10世紀までの1360年余に及ぶ歴史を記述した、全294巻330万字、登場人物は推定5万人にも及ぶ大著である。内容は政治、経済、軍事、地理、学術など広く各分野にわたっている（基本情報は次ページにまとめたので参照されたい）。

資治通鑑は名前だけは知られているものの、街中（まちなか）の本屋では絶対に（といっていいほど）見かけることのない幻の書である。第一、全編の現代語訳が存在しない。部分訳はいくつかあるが、訳す部分の選択が悪いせいか、資治通鑑のもつスリル満点で、ぞくぞくと鳥肌がたつ感覚がまるで伝わってこない。それで、資治通鑑の全編を書き下し文でもいいから自分で読みたいとなれば、『続国訳漢文大成』の資治通鑑を探さないといけないが、置いて

『資治通鑑』基本情報

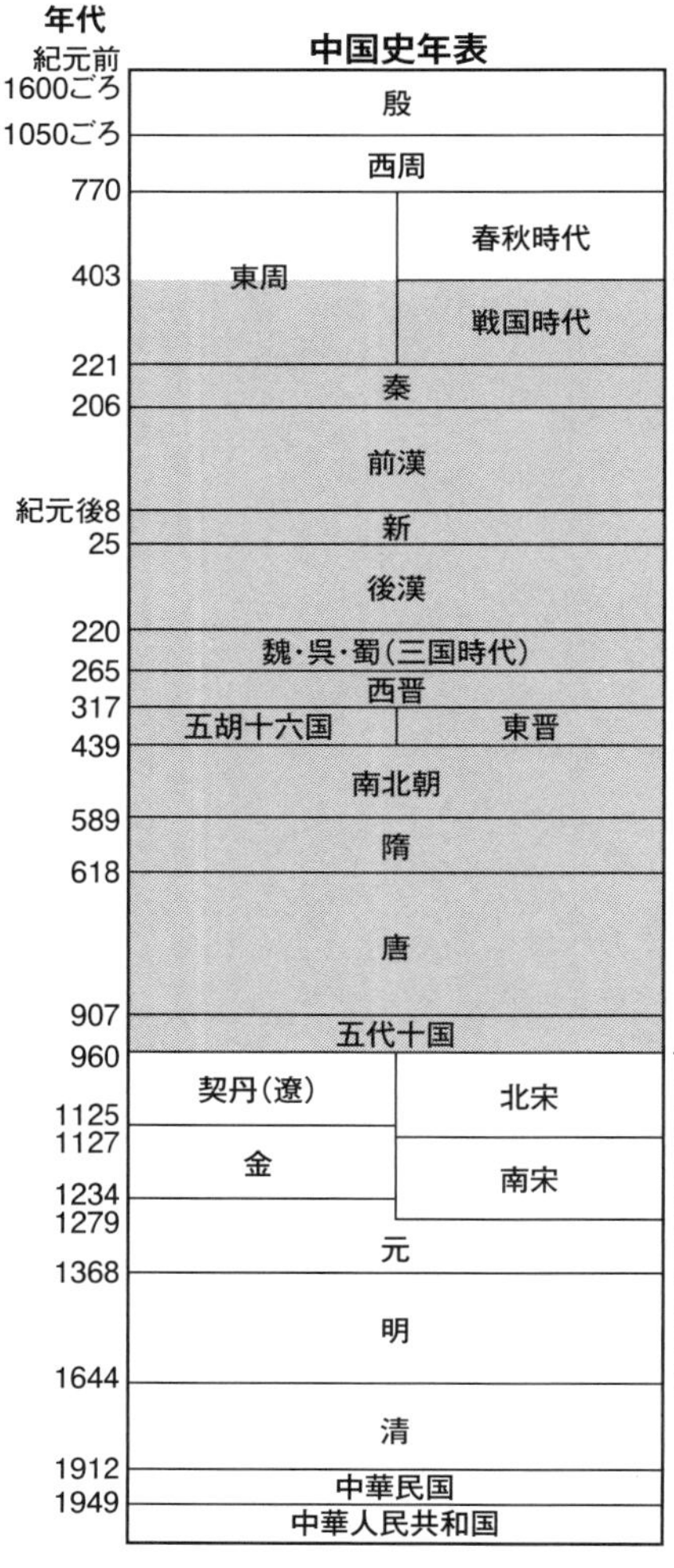

司馬光（しばこう）
(1019〜86)
北宋の政治家、学者。『資治通鑑』は彼をリーダーとする数十人の編纂チームが約20年かけて完成した編年体の歴史書。1084年に完成。294巻に及ぶ大著。

『資治通鑑』がカバーする範囲
(紀元前 403〜紀元後 959)

戦国時代から五代に至る、1362年間にわたる事績を政治、経済、軍事、地理、学術など各分野にわたって記述している。日本での知名度は低いが、歴史資料として評価は極めて高い。

いるところは大きな大学の図書館とか、県庁所在地の中央図書館ぐらいであろう。そうすると、普通の人は一生お目にかかれない！

このような事情にも拘らず、国立国会図書館のウェブサイトにある『続国訳漢文大成』のデジタルデータは館内だけしか閲覧できないように制限されている。著作権の関係かもしれないが、一般人がウェブから自由に閲覧できないのだ。

このように現代の日本人の目には触れることのない資治通鑑だが、江戸時代には学者以外の人にも広く読まれたようだ。例えば、武市半平太（たけちはんぺいた）が坂本龍馬に資治通鑑を読むことを勧めたという話はかなりよく知られている。これを聞くと「名著の誉れ高い資治通鑑を読むとは龍馬も凄い人だ」と感じるだろうが、実は資治通鑑はかなり読みやすい本である。漢文の文章としては資治通鑑の文は非常にオーソドックスで端正である。引用元の史書の文章と比べても資治通鑑の文章は非常に分かりやすく書かれている。それは文章構成もさることながら、細かな点においても神経が行き届いているからだ。例えば厳密な編年体形式にとらわれず、事件の進行が分かるように、ある時点でそれまでの一連の経緯をまとめて記述してくれている。とりわけ、重要人物の死去の項では、その人の一生を総括した記述があり、あたかも短編の伝記ものの趣を感じる。

資治通鑑だけでなく、一般的に中国の歴史書というのは「歴史」という単語で想起されるような単なる人名、政変、戦争の羅列（つまり年表記事）ではなく、人の生き方を教える書き物、すなわち人物伝といっていいだろう。紀元前１世紀に司馬遷が書いた『史記』から延々と２０００年の長きにわたり「紀伝体」というスタイルの歴史書が書き継がれてきた。紀伝体では、人物伝が中核をなしている。その意味で中国の本物の歴史書、つまり史書（二十四史）を読むのは、人物伝を読むことと等価である。

二十四史はあまりにも大冊なので読み通すのは無理としても、『史記』から旧五代史まで十八史の史書の簡約版として資治通鑑が挙げられる。中国のアマゾンサイト（www.amazon.cn）を見ると、司馬光の原文に胡三省の注のついたオリジナル版の資治通鑑に、実に２５０件以上ものコメントがついている。その上、コメントのほとんどが最高（５ツ星）の評価である。資治通鑑の原文は文字数にして約３３０万字にもなる膨大な書であるが、中国人にとっては読む読まないに拘らず、手元に置いておきたい本であることが分かる。

毛沢東は17回も読んだという資治通鑑は日本では幻の書であるが、本場中国では今なお脈々と読み継がれているベストセラー書であるのだ。

本書では資治通鑑の本文を主体に説明する。底本としたのは、1956年の中華書局の第1版（ISBN978-710-100-183-9）である。また二十四史も同じく中華書局版による。出典の箇所を明らかにするために、巻数、王朝名、紀元年号、ページ数を付す。［2011年に新たに第2版が出版された（ISBN978-710-108-112-1）が、ページ数は第1版とは異なる］

資治通鑑に学ぶリーダーシップ

ところで、ビジネススクールではケースと呼ばれる、過去の実例をベースに思考訓練する科目があるが、資治通鑑は「中国に関するケースの缶詰」であるといっても過言ではない。というのは、読みようによっては、いろいろな教訓を得ることができるからだ。そうはいっても「古代の歴史書から現代の中国が分かるのか？」と疑問に思う方も多いだろう。実際、資治通鑑の一番新しい記事でも、今から1000年も前の話である。また、資治通鑑が書かれた後のここ1000年間には、モンゴル（元）や満州（清）などの異民族が漢土全体を支配するという、漢民族にとっては屈辱の歴史もあった。近年では経済的にも、国際関係も大幅に変化した。こうした中国近代の歴史的変化は、資治通鑑には記述されていない。しかし、現在の中国のいろいろな問題、例えば、共産党幹部の汚職問題、底知れぬ環境問題、チベットやウイグルの民族問題、身分格差問題などと類似の事例が、資治通鑑には必ずといっていいほど見つかる。

さらに、資治通鑑は歴史書であると同時に、リーダーシップの教科書としても豊富な実例を引き出すことができる。今後、我々の環境がますますグローバル化していく中で、グローバルに通用するリーダーの育成は重要課題である。とりわけ地政学的観点から、日本人にとっては中国人の行動原理の正しい理解が必須である。その意味で資治通鑑は、現代の日本人にとって中国人の行動様式だけでなく、中国のリーダーの実態、およびそこから導き出される中国政治の本質を知ることができる格好の参考書である。

資治通鑑を通して見られる中国人のリーダー像とは、ざっくりいって、『三国志演義』に描かれている諸葛孔明（しょかつこうめい）のような仁徳溢れる清廉な人ではなく、権謀や奸計を縦横に駆使する曹操（そうそう）のような人だ。リーダーとは、目的のためには、良い意味でも悪い意味でも、あらゆる計略を考えることができないといけない。この時、卑怯であるとか、カッコ悪いとかいう倫理的判断を持ち込まないのが彼らの凄さである。その上、あくまでも本心を隠し通したまま、辛抱強く粘るのが、最終的に勝ち残っていくリーダーたちなのだ（近年の例では周恩来（しゅうおんらい）、鄧小平（とうしょうへい）、習近平（しゅうきんぺい）などが、この好例である）。こういったリーダーたちの成功／失敗の舞台裏の生々しいやりとりや個人的な感情まで含めて、私情を交えず淡々と記述しているのが資治通鑑である。

『論語』や『三国志演義』からは見えてこない中国人の考え方

中国の故事成句を調べていて気が付くことがある。それは、中国では非常にポピュラーな句が日本では案外知られていない、ということである。統計をとって調べたわけではないので正確なことはいえないが、私の経験からいうとこのようなケースは、日本ではあまり読まれていないが、中国ではよく読まれている本が典拠の場合が多い。具体的にいうと、『書経（しょきょう）』（『尚書（しょうしょ）』ともいう）、『礼記（らいき）』『春秋左氏伝（しゅんじゅうさしでん）』がそうだ。

このことは一体何を意味するのであろうか？

日本人に好まれる、中国の古典は、たいてい『論語』『孫子』『史記』『十八史略』『三国志演義』などに集中している。そしてそれらを数回読んだだけですっかり中国人の気持ちが分かったつもりになってしまっている。しかし、中国の為政者たちは、先に挙げたような儒教の枢軸の経典、中でも『春秋左氏伝』にその行動規範を求めている。その傍証として、史書に引用されている文句のかなりの部分が、これらの本を典拠とすることである点が挙げられる。ひとかどの中国人は言動を起こす前に、事前にこれらの本の中で類似の言動が善悪のどちらに分類されているかをチェックしていたに違いない。この過去の史実に言動の価値基準を求めるという中国の伝統的な考え方は、資治通鑑の全編にわたり随処に見られる。毛沢東をはじめとして、共産党幹部の演説文にもしばしば古典からの引用文を見ることがある。

それで、「仁」が主テーマの『論語』だけ、あるいは「義」が主テーマの『三国志演義』だけを読んだ人が資治通鑑を読むと、きっと中国人の別の一面を知ってびっくりするだろう。しかし、暫くすると『論語』や『三国志演義』が一層よく理解できるに違いない。それは、あたかも今まで平板的にしか見えなかった図柄が立体感を伴って、３Ｄの迫力を感じるようなものである。資治通鑑の凄みや多面性を味わってもらいたい。

史書は人間性を映し出す鑑

日本では中国を、「仁」や「徳」を理念とする儒教が実践されていた国のように考えている人が多い。しかし、儒教の仁や徳は建前であり、実際には権謀術数が渦巻く世界であったことは資治通鑑を読むと痛いほどよく分かる。中国では古くから他人はもちろん、身内すらも信用できない、究極の人間不信の世界であった。そのような世界では、いつどのように騙され、殺されるか、予測がつかない。金も権力も人脈も最終的には絶対的な頼りにはならない。正義が存在するわけでもないし、正しい道を歩んだからといって必ずしも報われるわけでもない。

このような過酷な世界を何千年、あるいは何万年も生き抜いてきた中国人は、必然的に日本人の想像を遥かに超えるしたたかさを身につけている。

彼らの生きる術は、暗黙知として中国社会には広く共有されているが、時として相反する姿を見せる。それ故、整頓された論理や知識体系としては存在せず、学ぶことは極めて難しい。しかし、これらの暗黙知を実践した実例は歴代の史書に事細かに書かれている。

つまり史書を繙く（ひもとく）ことで、実例ベースで、彼らの精神構造の本質に迫ることができるのだ。資治通鑑もそうだが、数百年、いや2000年も前に書かれた中国の史書を読んで驚くのは、その中の記事の数々が、まさに現代の中国人の行動規範そのものであるのを発見することだ。あたかも現代の中国人の行動が数百年以前から予言されていたようでもある。古来、中国人にとって史書とは人間性を映し出す鑑であった。それ故、現代の中国を理解するためには、良い点も悪い点もつつみ隠さず網羅的に記述した、資治通鑑のような良質の史書を読むことが必要不可欠であるのだ。

本書では、名著の誉れ高い資治通鑑から、我々日本人が中国と付き合うのに知っておくべき、彼らの行動規範の要点を抽出した。とりわけ、日本でよく読まれている『史記』や『三国志』には含まれていない時代の記事をかなり多く紹介した。記述の一部は、資治通鑑の範囲を超えて明代や李氏朝鮮にまで及ぶ。これらを読んでいくと、あたかも手品師の背中からトリックを見ているように、現在、中国が行っているさまざまな政治的および社会的行動の裏のからくりが手にとるように明らかになってくるのが分かるだろう。善悪の倫理的判断はさておき、日本人の想像を超える中国人の戦略的思考とは何かを知ることは、今後の日中関係を考える上で、さらには東アジアを超え、世界における中国の役割を正しく理解する上で非常に重要である。

資治通鑑は一口では言い表せないくらい、極めて多彩な内容をもつ、まさに「大著」の名にふさわしい書物である。それ故、全体像はなかなかつかめないにしても、この本を通じて読者諸氏にも大著の輪郭はつかんでもらえるものと期待している。

前著と本書を合わせると資治通鑑全体の2パーセント程度は訳したのではないだろうか。訳文について、一言お断りしておく。本書では資治通鑑を中心に中国の史書から漢文の原文を引用し、それを現代文に訳したが、学者によって史学的に正しくないと指摘されている箇所が含まれている可能性がある。学術的な真贋をすべてチェックすることは私の手にあまる。それ故、本書では資治通鑑などの中国の史書のリアリティ溢れる描写にフォーカスした次第である。

前著では主として、資治通鑑から、あくどい謀略や暴虐の数々を紹介した。本書は逆に悪行と対極にある、人としての正しい生き方を示す義行の数々も併せて紹介したい。善悪両面を見ることで、中国人の言動の奥底にひそむ本質的な考え方を抉(えぐ)り出すことができる。

最後に私が、日本では読まれることが稀な資治通鑑という本を読者諸氏に知ってもらいたいことをまとめると、次の4点である。

1. 資治通鑑を読まずして中国は語れない、そして、中国人を理解することも不可能である。

2. 資治通鑑は日本では幻の本であるが、中国では決してそうではない。

3. 中国人はとんでもない極悪人から、ウルトラ善人まで、善悪のレンジが極めて広い。

4. 資治通鑑は現代中国を理解する上で「中国に関するケース事例の缶詰」である。

資治通鑑は学者が論文を書くためだけに存在しているのではない。中国に関係するビジネスパーソンにとって必読の価値をもった書である。中国・中国人を正しく理解するため、また、それとの対比で日本・日本人を理解するために、ぜひ資治通鑑に描かれている中国社会の実態を正しく理解して欲しいと念願する次第である。

第1章
策略

権力と財力はぴったり二人三脚

習近平（しゅうきんぺい）は2012年秋に中国共産党の総書記に就任した。それから1年して国家主席にもなって政権の足場が固まったとみるや前年に宣告した「トラもハエも一緒に叩く」を実行して、汚職撲滅に乗り出し、現在も進行中だ。中国だけでなく世界では、これでようやく中国の汚職官僚が一掃されると期待しているようだが、私は全く期待外れに終わること間違いないと確信している。これは妄想ではない。というのは、中国では過去に同じことが延々と繰り返し起きているにも拘らず、一向に汚職が減っていないからだ。

日本では伝統的に汚職がそれほど酷くなかったので想像しにくい。なぜなら日本では古来、政治権力と財力は別物であるべきだと考えられてきたからだ。それ故、政権の高位に就いた者が、地位を利用（悪用）して賄賂をとると、糾弾されたものだ。しかし、中国では、政治権力と財力はコインの裏表のように、一体なものとして考えられてきた。ある中国の地方出身者によると「私腹を肥やすことができない官僚は無能だ」とみなされる風潮があるという。それ故、高位に就きながら蓄財しない者は珍しいので「清廉の士」として高く評された（例：『三国志』の諸葛孔明）。

政治権力に賄賂がつきものだ、というのは、「水、至って清ければ魚棲まず、人、至って察ならば徒無し」（水至清則無魚、人至察則無徒）という諺があることからも分かる。日本人のもつ常識とは逆に、高位に就いて賄賂を取らないのは、逆に非難されるような風潮も感じられる諺ではないだろうか。

後漢に宋均という穏やかな性格の儒者がいたが、賄賂をとるよりも「察」であること、つまり、びしびしと取り締まる方が許せないと、次のように述べる。

後漢書　巻41（中華書局・P1414）

（宋均は）常に、官吏たるものは心を広くどっしりと構えるべきだと言っていた。賄賂をとったり放埒であっても害はない。しかし、厳しく取り締まる人は、いくら法に忠実であるとしても、人のあら捜しをして民衆を困らせることになる。さらには、災害や流民の原因ともなる。その方が始末に負えない。

常以為吏能弘厚、雖貪汚放縦、猶無所害；至於苛察之人、身或廉法、而巧黠刻削、毒加百姓、災害流亡所由而作。

このように中国では、賄賂は権力とは切ってもきれない関係であることは社会常識である。つまり権力を目指す者は、必ずしも国力の増強を図り、庶民の福祉向上のために努力する、という高邁な理想に燃えていたわけではなかったのだ。

桁外れ（けたはず）の貪欲と没落を繰り返す

中国ではいくら汚職撲滅運動を行っても単に役者が次々と入れ替わるだけで、社会状況は一向に改善されない。一例を、中唐の代宗（だいそう）時代の政権争いに見てみよう。まず登場するのが、国家予算相当の大金をつぎ込んでド派手な私邸を建築した宦官（かんがん）の魚朝恩（ぎょちょうおん）だ。

魚朝恩は代宗の寵臣で「願いは必ず聞き届けられたが、このような寵臣はいまだかつていなかった」（凡有奏請、以必允為度、幸臣未有其比）といわれるほどの権勢を誇った。しかし自らの功を誇るあまり、誰かれなく見下して傲慢な態度をとるようになった（恃功、岸忽無所憚）。ある時、自分の知らない内に案件が処理されているのを知り、「天下のことはすべて私に知らせよ！」（天下事有不由我者邪！）と怒鳴った。それを聞いた代宗はもはや、魚朝恩の横柄な態度に我慢できなくなった。

代宗の気持ちをくみ取った宰相の元載（げんさい）が、代宗に近づき、秘かに魚朝恩暗殺計画を練った。

資治通鑑　巻２２４・唐紀40・ＡＤ７７０年（中華書局・Ｐ７２１１）

元載は代宗の気持ちを察したので、時折、暇を伺っては、魚朝恩の悪行の数々を代宗に吹き込み、始末してしまいましょうと煽（あお）った。代宗もまた、朝廷内だけでなく、世間の人も魚朝恩を憎んでいることを知り、ついに魚朝恩を誅殺する方策を練るよう、元載に命じた。魚朝恩は入朝の時にはいつも射生将（いせいしょう）の周皓（しゅうこう）に、兵士１００人をつけて身辺の護衛をさせていた。さらに、自派の一人で、陝州（せんしゅう）の節度使である皇甫温（こうほおん）に宮廷外の部隊を引率させて、万一に備えていた。元載はこれらの武将たちに多大な賄賂を贈って自分の味方につけた。それで、魚朝恩の内部の会話や企みは筒抜けとなった。その内容は逐一、代宗に報告されたが、魚朝恩は全く気付かなかった。

元載測知上指、乗間奏朝恩専恣不軌、請除之；上亦知天下共怨怒、遂令載為方略。朝恩毎入殿、常使射生将周皓将百人自衛、又使其党陜州節度使皇甫温握兵於外以為援；載皆以重賂結之、故朝恩陰謀密語、上一一聞之、而朝恩不之覚也。

魚朝恩の最も信頼する部下でさえも、たび重なる莫大な賄賂で元載に寝返った。ある時、魚朝恩は別の部下からどうも様子がおかしいとの報告を受けたが、代宗はいつも以上に親しげな様子なので、疑念を振り払った（然上毎見之、恩礼益隆、朝恩亦以此自安）。さて、いよいよ代宗と元載が魚朝恩殲滅（せんめつ）の最後の仕上げにかかる日がやってきた。資治通鑑よりも状況描写が生々しい『新唐書（しんとうじょ）』の記述で、その最後の場面を見てみよう。

新唐書　巻２０７（中華書局・Ｐ５８６６）

寒食の時節に、宮中で宴会が催された。宴会がはねて、将軍たちは皆、陣営に戻った。

しかし、高官たちは議事があるので居残るように命じられた。魚朝恩は、肥えていたので、いつも小車に乗って宮殿に入ってきた。代宗は車が近づく音が聞こえると跪(ひざまず)いて迎える準備をした。元載は中書省に待機していた。魚朝恩が到着すると、代宗は魚朝恩に謀叛を計画しているのではないかと厳しく追及した。魚朝恩は、自己弁護したが、言葉づかいがなんとも横柄だった。周皓は部下と力を合わせて魚朝恩を縊(くび)り殺した。享年49。

方寒食、宴禁中、既罷、将還営、有詔留議事。朝恩素肥、毎乗小車入宮省。帝聞車声、危坐、載守中書省。朝恩至、帝責其異図、朝恩自弁悖慠、皓与左右禽縊之、死年四十九。

さしもの魚朝恩も、あっという間に殺されてしまった。その後、魚朝恩打倒の筆頭の功臣である元載が実権を握ったわけだが、その様子はまさに魚朝恩に瓜二つであった。

資治通鑑　巻224・唐紀40・AD770年（中華書局・P7213）

元載は魚朝恩を倒してから、代宗の一層の信頼をかちえた。それで、元載は大いに驕(おご)り、

人々の前で、自分ほど文武に優れ、才略に溢れる者は古今いないと威張り散らした。我が物顔に権力を振り回し、悪知恵を働かせて賄賂政治を行い、底なしの贅沢をした。

元載既誅魚朝恩、上寵任益厚、載遂志気驕溢；毎衆中大言、自謂有文武才略、古今莫及、弄権舞智、政以賄成、僭侈無度。

　こうなると、またいつか来た道で、代宗は今度は元載が目障りになり、始末したいと思うようになった。

資治通鑑　巻２２５・唐紀41・ＡＤ７７７年（中華書局・Ｐ７２４１）

　代宗は元載を誅殺したいと思ったが、臣下に相談すると元載に通報されるかもしれないことを恐れた。それでこっそり左金吾大将軍の呉湊だけに相談した。呉湊は代宗の母、章敬皇后の弟にあたる。ある晩、元載が仲間の王縉とクーデターを起こす予定だとの密告があった。そこで、代宗は延英殿に赴いて、呉湊に元載と王縉を政事堂で逮捕し、さらに、元載の息子の元仲武（ちゅうぶ）とその仲間の卓英倩（たくえいせん）らを投獄せよと命じた。…そして元載に故郷の万年県にて自決せよと命じた。元載は使者に「苦しまないように死にたい！」と言ったが、使者は「貴公は汚い行いがあったので、少し我慢すべきでしょう！」と言いつつ、汚い草履を元載の口に押し込んでから殺した。

上欲誅之、恐左右漏泄、無可与言者、独与左金吾大将軍呉湊謀之。湊、上之舅也。会有告載、縉夜醮図為不軌者、庚辰、上御延英殿、命湊収載、縉於政事堂、又収仲武及卓英倩等繋獄。…乃賜載自尽於万年県。載請主者：「願得快死！」主者曰：「相公須受少汚辱、勿怪！」乃脱穢韈塞其口而殺之。

このようにして、元載は殺されたのだが、妻と３人の息子も道連れにされた。その後、役人が元載の家の財産を調べてみると、鍾乳（しょうにゅう）が５００両と胡椒（こしょう）が８００石見つかった（籍其家、鍾乳五百両…胡椒至八百石）。他の財産の記述がなく、この２種類（鍾乳石、胡椒）だけが挙げられているのは、よほど高価なものであったに違いない。それだけでなく、隠匿されていた量も、人々の度胆を抜くほど桁外れであった。

当然のことながら、元載によって官位を得ていた者たちも、処刑あるいは追放された。さらに、元載の祖父の墓まで暴かれて死体が焼かれ、墓も壊された（斲棺棄尸、毀其家廟、焚其木主）。臣下として位を極めた元載ではあったが、これ以上ない極刑に処されたのだった。

このような話を読むと、ドイツの詩人、ゲーテ（1749―1832年）の言葉を思い出す。当時の著名な哲学者、フィヒテの人気が落ち、新鋭のシェリングの人気が上昇するのをゲーテは「一星の墜つるあれば、一星の昇るあり」（Ein Stern geht unter, der andere erhebt sich.）と評したが、中国の政治界にぴったりの言葉だ。

資治通鑑に描かれているこれら一連の生死をかけた政治闘争を見ても分かるが、中国において、汚職政治家が摘発されたからといって、政界が浄化されるわけでなく、後釜に座った政治家が同じようにまた賄賂政治を行うだけの話なのだ。「血をもって血を洗う」（以血洗血）という言葉をもじっていうと「汚水で汚水を流す」のが、中国の伝統なのだ。こういったことから私は、今回の習近平の一連の汚職摘発も安っぽい「ソープオペラ」（soap opera）並みのドタバタ劇であると言っているのだ。唐の詩人、劉希夷の有名な句に「年年歳歳、花相似たり、歳歳年年、人同じからず」（年年歳歳花相似、歳歳年年人不同）というのがあるが、まさに「花」を「汚」に変えるとそのまま現代中国の世相を表しているといえよう。

それを思うと、つかの間の現世を思う存分に生きぬき「世間の評判など気にしていられるか！」と喝破した東晋の桓温の次の言葉が、中国の政治家の言動の根底に共通して流れているように感じる。

「男子、芳を百世に流すあたわずんば、またまさに臭を万年に遺すべし」

（男子不能流芳百世、亦当遺臭万年）

この桓温の言葉は「どうせ、オレは立派な政治家にはなれないから、良いことで名前が残らないなら、せめて悪名だけでも後世に残すことにしよう！」という開き直りなのだ。

しぶとく好機を狙う

最近の日本の風潮で危なっかしく感じるのは「頑張れば必ず報われる」という発想である。それはたいていにおいて「これだけ頑張ったのだから、結果は必ずついてくる」という言葉となる。頑張った分（投資）だけ効果が現れるならば、まるで確定利回りの投資案件ではないか！ 努力するのは、確実に結果が得られるという功利性が原動力となっているようだが、そのようなウマい話があるはずがない。努力以外に成功の要因はないのだろうか？

以前、ＮＨＫの大河ドラマ『天地人（てんちじん）』があったが、このタイトルは、『孟子』の「天の時は、地の利にしかず、地の利は人の和にしかず」（天時不如地利、地利不如人和）に由来している。この言葉は、時の運よりも、人の和、つまり集団の結束力さえあれば困難は必ず克服できる、ということを強調しているように見える。しかし実態は全く逆で、こういう文句でわざわざ励まさないといけないほど中国人には結束力がなかったのである。

秦代に成立した『呂氏春秋（りょししゅんじゅう）』（巻14）に「時にあわざれば功無し」（不遇時無功）という言

葉がある。これは努力や「人の和」などの人為的な営みよりも、時の運というのが成功の決定的要因を握っていると示唆している。自ら努める人は、時節が到来するまでは、堪忍自重する。時が巡ってくれば、それまで一般庶民であった人だって、天子の位に就くことも可能だとも解せる。もっとも、そこまでドラマチックな展開でなくとも、例えば種まきでも、時節に合わせないと効果がない。つまり「人は智といえども、時にあわざれば功無し」（人雖智而不遇時無功）なのだ。

一見、退嬰的に聞こえるこの言葉（不遇時無功）が象徴しているように、中国人の考えの根本に横たわっているのは、長期戦で勝つことを重視する思想である。単に「一生懸命頑張る」のではなく、しぶとく好機を狙うというのが発想の原点にある。そのようなしぶとさの好例を資治通鑑から拾ってみよう。

資治通鑑　巻50・漢紀42・AD121年（中華書局・P1609）

以前から、鄧太后が政治を仕切っていた。杜根は宮中の護衛係の郎中であったが、同僚と一緒になって「安帝が成人されたので、鄧太后は政界から退き、安帝に政治を任すべき

である」との意見書を提出した。鄧太后はそれを見て、かんかんに怒った。宮中に絹袋を大量に運ばせてマットを作り、その上に不届きな意見書に署名した杜根らを寝かせて棍棒（こんぼう）で殴り殺し、死体を都の外に運んで捨てさせた。杜根は殴られはしたが、死にきっておらず、息を吹き返した。しかし、疑い深い鄧太后は毎日使いを出して、捨てた死体の様子をチェックさせた。杜根は死んだふりをし続けていたが、3日たつとまぶたに蛆虫（うじむし）がわいてきた。それでも、じっと横たわっているとようやく鄧太后の使いが来なくなった。それでやっとのことで逃げ延びることに成功した。

初、鄧太后臨朝、根為郎中、与同時郎上書言:「帝年長、宜親政事。」太后大怒、皆令盛以縑嚢、於殿上撲殺之、既而載出城外、根得蘇:太后使人検視、根遂詐死、三日、目中生蛆、因得逃竄。

１９３７年７月７日に発生した盧溝橋（ろこうきょう）事件をきっかけとして勃発した日中戦争は、当初、日本陸軍が華北を破竹の勢いで進撃し、中国全土の制圧も時間の問題かと思われていた。

それは、中国の軍隊に戦意が見られず、さしたる抵抗もなく首都南京を攻略できたからであった。しかし、その後漢口も陥落し、蒋介石軍はさらに奥の重慶に逃げたが、日本軍はそれ以上追撃することはできなかった。というのも、広い中国で都市という点は抑えたもののその間のルートは抑えきれず、絶えずゲリラ戦に悩まされたからであった。とりわけ中共軍は「空室清野」（家を空にして食糧を隠す）、「両平三空」（人と飲み物と食物の3つを隠す）の二大戦略を住民に徹底させた。その上「戦わず逃げる、けれども引き揚げれば後から占領する」作戦に日本軍はほとほと困憊させられた。まさしく、杜根のようなしぶとさを日本軍は如実に経験させられたのであった。

ところで、「中国の史書は面白すぎる」というのが私の持論である。例えば、ここの引用文中に「三日、目中に蛆を生ず」（三日、目中生蛆）との記述があるが、状況が実に活き活きと描写されている。古今東西を問わず、読み継がれてきた歴史書の古典（例：『春秋左氏伝』、『史記』、ヘロドトスの『歴史』、プルタークの『英雄伝』、リウィウスの『ローマ建国史』、タキトゥスの『年代記』など）にはこのような些細な点に至るまで、作者の筆致細やかな配慮が感じられる。

孫子は詭謀（きぼう）を重視した

日本人の好きな中国古典といえば『論語』とともに『孫子』が挙がる。しかし、仁徳を説く『論語』はともかくも、権謀術数（けんぼうじゅっすう）を称揚する『孫子』は日本人には必ずしも正しく理解されているとは思えない。というのは、「誠」を信条とする日本人にとって、正攻法より詭謀を重要視する孫子の思想はしっくりとこないところがあるからである。例えば、『孫子』の謀攻篇には「上兵は謀を伐つ、その次は交を伐つ、その次は兵を伐つ、その下は城を攻める」と正面攻撃で華々しく戦果を挙げるよりも、頭脳作戦で戦わずして勝つのを上とする思想が説かれている。戦場での作戦においては「騙（だま）す」「欺（あざむ）く」「卑怯」などの戦法は、一般社会とは真逆（まぎゃく）で、高い評価を受けた。

この点、敵を欺いて実権を手にした晋の司馬懿（しばい）などは、名優顔負けの迫真の演技でまんまと敵を欺いたが（後述）、これほどの役者を日本史に見出すことは難しい。

近代の中国の政治家で役者といえば、１９９８年から２００３年まで首相（国務院総理）を務めた朱鎔基（しゅようき）が挙げられる。本腰を入れた汚職追放のため、政敵などから実に10回以上も暗殺を企てられたという。それでも信念を曲げず「百の棺桶を用意しろ。その内の一つは俺の分だ！」と追及の手を緩めなかった。それ故、「朱鉄面」とのあだ名をつけられた。そういった強面（こわもて）とは別に、国外でのインタビューではユーモア溢れる応答で外国人記者の間で人気を博した。学生時代から京劇のファンで、1989年の国慶節の前夜、上海の金山石油コンビナートでの労働者との歓談の席では「誰か伴奏できる者はいないか」と尋ね、古典劇の一節を歌った。その中に「千歳よ（高官のこと）、殺すという字を口に出す勿（なか）れ」との文句があった。直前の天安門での鄧小平（とうしょうへい）の武力弾圧に対する強烈な皮肉であった。会場から割れんばかりの拍手喝采を受けたという。

資治通鑑　巻75・魏紀7・AD248年（中華書局・P2374）

冬、河南省の知事の李勝（りしょう）が荊州（けいしゅう）の長官となって赴任するに際して、太傅（たいふ）の司馬懿に別れの挨拶に訪れた。司馬懿は両脇を下女に支えられて現れた。服を着ようとしたが、服をぼとりと落としてしまった。ものもはっきり言えず、口を指さして「喉がかわいた」というジェスチャーをしたので、下女が粥をもってきた。司馬懿は粥の茶碗を両手にもって飲も

うとしたが、口元からぽとぽと、胸元にこぼす始末だった。李勝が「世間では、公が持病の通風がぶり返したのだと噂していますが、まさかこれほどまでとは！」と悲しんだ。司馬懿はわざと弱々しい声を出して「歳のせいか病気がちで、もう先も長くないようだ。君は并州（へいしゅう）へ行くのか。并州は蛮族の住むところに近いので、十分備えるがよい！　多分、わしはもう君にはお目にはかかれんじゃろう。わしの息子たちをよろしく頼む」。李勝が「私の赴任先は、生まれ故郷の荊州であって、并州ではありませんよ」と言ったが、司馬懿はわざと分からないふりをして「君は并州に行くんだろう？」と言い、李勝は再度、「そうじゃありません、荊州に行くのです」と答えた。司馬懿は「歳のせいで、君の言うことが分からない。生まれ故郷で、立派な手柄を立ててくれ！」。李勝は司馬懿の家を出てから、曹爽（そうそう）に会ってこう言った。「司馬公は耄碌（もうろく）して、死人も同様です。心配するには及ばないでしょう」。後日、また曹爽などが居る所で、涙声になって「司馬公の病は治らないでしょう。まったく見ていられません！」と言ったので、曹爽たちは、司馬懿を全く警戒しなくなった。

冬、河南尹李勝出為荊州刺史、過辞太傅懿。懿令両婢侍。持衣、衣落；指口言渇、婢進粥、懿不持杯而飲、粥皆流出霑胸。勝曰：「衆情謂明公旧風発動、何意尊体乃爾！」懿使声気纔属、説：「年老枕疾、死在旦夕。君当屈并州、并州近胡、好為之備！恐不復相見、以子師、昭兄弟為託。」勝曰：「当還忝本州、非并州。」懿乃錯乱其辞曰：「君方到并州？」勝復曰：「当忝荊州。」懿曰：「年老意荒、不解君言。今還為本州、盛徳壮烈、好建功勲！」勝退、告爽曰：「司馬公尸居余気、形神已離、不足慮矣。」他日、又向爽等垂泣曰：「太傅病不可復済、令人愴然！」故爽等不復設備。

曹爽たちが司馬懿を警戒しなくなり、油断して宮廷を離れた隙に、司馬懿がクーデターを起こした。郭（かく）太后を味方につけて実権を握り、一挙に曹爽の一味を殲滅した。曹爽はまんまと司馬懿の「ひっかけ」の術策に騙され、一族全滅の憂き目をみた。孫子のいう詭謀を地で行ったわけだが「鮮やか！」というほかない。

ところで、司馬懿といえば、『三国志』の中では智将中の智将として知られる諸葛孔明の作戦をことごとく封じた知恵者である。しかし、この文を読むと、知恵だけでなく、演技力も見事といわざるを得ない。

司馬懿だけでなく、司馬懿の妻（張氏）も夫に負けず劣らずの策略家だったようだ。次のような話が馮夢龍（ふうむりょう）の『智嚢（ちのう）』に見える。

司馬懿が魏の曹操（そうそう）から辞令を受け取った時、就任したくなかったのでリウマチだとウソを言って家に閉じこもって寝ていた。ある日、本を虫干ししていたが、にわか雨が降ってきたので、司馬懿はとっさに庭に飛び出て本を取り入れた。そこを一人の下女に見られてしまった。司馬懿の妻はすぐさま自らの手で下女を殺して口封じをした。下女がいなくなったので、自分で夫の食事の世話をした。

懿初辞魏武命、托病風痺不起。一日晒書、忽暴雨至、懿不覚自起収之、家唯一婢見、後即手殺婢以滅口、而親自執爨。

流石（さすが）に天下人の妻だけあって、人殺しのような非情なことでもためらいなく実行できるものだと感心する。もっとも、この話は正史などには載せられていないので、信憑性は保証の限りではないが。

前述したように孫子は戦闘をなるべくしないで勝つことを重視した。その思想を表したのが、「百戦して百勝するは、善の善なるものに非ざるなり。戦わずして人の兵を屈するは、善の善なるものなり」（百戦百勝、非善之善者也・不戦而屈人之兵、善之善者也）。

唐の玄宗時代の安史の乱で大活躍した李光弼は策士であった。彼は、戦わずして敵将2人を降伏させた。これは、中国人の気質を知り尽くした李光弼ならではの心理作戦だ。

資治通鑑　巻221・唐紀37・AD759（中華書局・P7085）

史思明が河清で李光弼の軍を見て、兵糧攻めをしようと考え、その運搬の邪魔をしようとした。李光弼は、野水渡に陣を張ってそれに備えた。夕方になって、元の陣地の河陽に戻ろうとして1000人の守備兵を残し、雍希顥に陣地を守らせてこう言った。「敵の将軍の高庭暉、李日越、喩文景、この3人は皆、万人の価値がある。史思明はきっとその内の一人を送ってわしを脅すに違いない。わしはこれから出かけるが、お前はここで待機し

ておれ。敵が来ても決して戦うな。しかし投降したら一緒に連れてこい」。将官たちは、李光弼の言うことが理解できなかったのでくすくす笑っていた。李光弼の予想通り、史思明は李日越にこう言った。「李光弼は長期間、籠城していてようやく外に出てきた。今こそ捕えるチャンスだ。お前は今晩、鉄騎（重騎兵）を率いて黄河を渡り、李光弼を生け捕りにして来い。捕まえるまで戻ってくるな」。李日越は500騎を率いて翌朝、李光弼の陣地に着いた。雍希顥は堀を隔てて、兵士を休ませて互いに詩歌を吟じていた。李日越はあやしんで、「司空（李光弼）はどちらにおられる？」と尋ねた。雍希顥は「夜の間に帰った」と答えた。「守備兵は何人いるのだ？」「1000人はいる」「守将は誰だ？」「雍希顥だ」。李日越は、暫（しばら）くの間考えていたが、部下にこう言った。「今、李光弼はいないし、雍希顥を捕まえて帰ったところで手柄にならず、逆にわしが殺されてしまう。投降する方がましだ」と、ついに投降した。雍希顥は李日越を李光弼のところに連れていった。李光弼は、李日越を手厚くもてなし、腹心の一人に加えた。高庭暉はこれを聞くや、投降してきた。ある人が李光弼に「どうして敵の2将をこうも簡単に降参させることができたのか？」と聞いた。李光弼が答えて言うには、「これは人情というものだ。史思明は常々、野戦ができないことに憤慨していたが、わしが城から外に出たら必ず虜にできると思っていたはずだ。李日越としてはわしを捕えることができなかったら、おめおめと帰るわけにはいかない（だから投降したのだ）。高庭暉は李日越より才能も勇気も勝っていると、自信をもっているから、李日越が大事にされるなら、自分ならもっと大事にされるはずだと考えるに違いないからだ」。

思明見兵於河清、欲絶光弼糧道、光弼軍于野水渡以備之。既夕、還河陽、留兵千人、使部将雍希顥守其柵、曰：「賊将高庭暉、李日越、喩文景、皆万人敵也、思明必使一人来劫我。我且去之、汝待於此。若賊至、勿与之戦。降、則与之倶来。」諸将莫諭其意、皆窃笑之。既而思明果謂李日越曰：「李光弼長於憑城、今出在野、此成擒矣。汝以鉄騎宵済、為我取之、不得、則勿返。」日越将五百騎晨至柵下、希顥阻壕休卒、吟嘯相視。日越怪之、問曰：「司空在乎？」曰：「夜去矣。」「兵幾何？」曰：「千人。」「将誰？」曰：「雍希顥。」日越黙計久之、謂其下曰：「今失李光弼、得希顥而帰、吾死必矣、不如降也。」遂請降。希顥与之倶見光弼、光弼厚待之、任以心腹。高庭暉聞之、亦降。或問光弼：「降二将、何易也？」光弼曰：

「此人情耳。思明常恨不得野戦、聞我在外、以為必可取。日越不獲我、勢不敢帰。庭暉才勇過於日越、聞日越被寵任、必思奪之矣。」

まさに李光弼のようなやり方が孫子の「善の善なるもの」というにふさわしい戦略だといえよう。李光弼は投降してきた李日越と高庭暉の2人を重要なポストに登用した。

わざと敵を逃がす

外敵がいる時には、能力ある将軍や大臣は頼もしいが、いざ敵を倒してしまうと、逆に君主を脅かす存在となってしまう。これが中国の歴史を貫く大きな柱である。現代用語でいうと、トップにとっては実力あるナンバーツーが頼もしいと同時に、自分を脅かす恐い存在でもある。自分の実力に自信のないナンバーワンは、いつ何時ナンバーツーにトップの座を奪われてしまうのかと落ち着いていられない。それで、強敵がいる間はナンバーツーには精一杯頑張ってもらわないといけないが、敵がいなくなると、何らかの口実をつけてナンバーツーを排除しようとする。あるいは、ナンバーツーと同格の者たちを競わせて、勢力のつぶし合いをさせ、自分に刃向かってこられないように画策する。毛沢東が文化大革命時、林彪と江青を競わせた如く、また鄧小平が天安門の後、江沢民を主席に任命して李鵬と競わせた如く、ナンバーワンは巧妙な人心操縦術で地位を確保する。

わざと敵を残すことの重要性を教える、最も有名な例が、今から二千数百年前の春秋時代に「臥薪嘗胆」で知られる越王・勾践と呉王・夫差に関連した話だ。

越王・勾践が宿敵の呉王・夫差を倒した後、勾践の参謀の范蠡が国を去った。その時、同僚だった重臣の大夫種に、越王は艱難を共にする君主ではあるが、国が安定したら、臣下にとっては危険な君主であるから早く国を出るようにと警告した。その有名な文句が「空飛ぶ鳥がいなくなれば弓も用なしとなり蔵にしまわれる。すばしこい兎が狩り尽くされれば、猟犬も煮て食われる」（蜚鳥尽、良弓蔵。狡兎死、走狗烹）。

大夫種は、自分の功績を過信して国に留まったため、范蠡の予言通り、最後には勾践から自害を命じられてしまった。

それから二百数十年たって、戦国の世が終わり、劉邦が漢を建国したが、功臣の筆頭に挙げられた韓信も、劉邦に国を奪おうとしているのではないかと疑われて捕えられてしまった。

劉邦は武士に命じて韓信を縛らせて、荷物と一緒に車に載せた。韓信がつぶやいた。「やはり、昔から言う通りだ。『狡兎死して、走狗烹らる。高鳥尽きて、良弓蔵る。敵国破れ、謀臣亡ぶ』。今や天下泰平の世になったのだから、わしはもうお役御免なのだ」。

上令武士縛信、載後車。信曰：「果若人言：『狡兎死、走狗烹；高鳥尽、良弓蔵；敵国破、謀臣亡。』天下已定、我固当烹！」

資治通鑑　巻11・漢紀3・BC201年（中華書局・P365）

中国の故事成句というのは、通常、イントロ部分があって、最後に本当の主張が現れる。ここでは、最後の「敵国破れ、謀臣亡ぶ」が韓信の言いたいことであった。つまり項羽（敵国）が死んでしまった今となっては韓信（謀臣）が殺されるのは道理だ、ということである。

韓信の悲劇を反面教師として、自己保身を図る武将がいた。つまり、敵を全滅に追い込まず、わざと逃がしてやることで、自分の身の安全を確保した。資治通鑑にはそのような例がいくつか載せられている。

狼少年戦法

中国の暗君や暴君といえば、古くから「桀紂幽厲」と相場が決まっている。幽とは周の幽王のことで、紀元前8世紀の西周の最後の王だ。愛妃の褒姒はニコリともしなかったが、ある時、敵軍が攻めて来たとの狼煙があがり、諸侯が急いで駆けつけてきたが、誤報だと分かった。この様子に褒姒は大いに笑いこけた。それからというもの、幽王はしばしば、わざと狼煙をあげさせた。そのつど、諸侯は駆けつけたが、いたずらと分かり、その内、狼煙を見ても全く無視するようになった。ある日、西方の遊牧民である犬戎が攻めてきたが、狼煙があがっても誰も救いに駆けつけて来ず、幽王は殺されてしまった（『史記』巻4）。

イソップ童話には狼少年の話が登場するが、まさに幽王は「中国版狼少年」といえよう。

この話は半ば作り話のように聞こえるが、資治通鑑には「狼少年戦法」を実際に適用した例がいくつか見える。

資治通鑑　巻176・陳紀10・AD587年（中華書局・P5492）

隋の文帝は高熲（こうけい）に陳（ちん）を攻略する方策について尋ねた。高熲が答えて言うには「揚子江の北の我が領土は気温が低いので、収穫が遅いですが、江南の地では稲が早く熟します。そ れで、彼の地の収穫時に兵馬を招集して、あたかも今にも攻めるぞと宣伝しましょう。そうすると、彼らは農民を狩り出して、防御体制を敷くことでしょう。そうなると、せっかくの収穫時なのに、人手が足りずに収穫ができません。彼らが兵士を集めたころを見計らって、こちらは武装解除します。こういったことを再三繰り返せば、彼らもまたいつもの掛け声だけだと、思うことでしょう。その後、本当にこちらが兵を集めても、信用しないので、時期を見て将兵を向こう岸に渡すことができます。陸に上がって戦えば、こちらの兵士の士気も上がります。江南の地は痩せている箇所が多く、家は竹や葦で作られていま す。その上、穀物倉庫は地面を掘った穴ではなく地上にあるので、こっそり人をやって風の強い日に火をつければ、たちまち燃え尽きてしまうでしょう。彼らが火事の後で倉庫を修復すれば、また放火して焼いてしまいましょう。数年間、このようにすれば、困窮すること間違いありません」。隋の文帝はこの策を採用したので、陳はほとほと困ってしまった。

隋主問取陳之策於高熲、対曰：「江北地寒、田収差晩；江南水田早熟。量彼収穫之際、微徴士馬、声言掩襲、彼必屯兵守禦、足得廃其農時。彼既聚兵、我便解甲。再三若此、彼以為常；後更集兵、彼必不信。猶予之頃、我乃済師；登陸而戦、兵気益倍。又、江南土薄、舎多茅竹、所有儲積皆非地窖。若密遣行人因風縦火、待彼脩立、復更焼之、不出数年、自可財力倶尽。」隋主用其策、陳人始困。

このような奸計は現代の中国ビジネスにおいてもしばしば見られる。一例を挙げよう。松下電器（現パナソニック）の中国での合弁会社が１９９６年に最先端技術を組み込んだ「ダブル滝洗い方式」の洗濯機を発売し、大ヒット商品となった。同社は早速、特許申請をしたが審査が延々と長引き、なかなか特許が下りない。その隙に、中国のメーカーが類似商品を次々と発売したので、松下の洗濯機の売上は、ある時期からぱたりと止まってしまったという。わざと遅延するという手口は、機械の据え付け販売にも見られる。機械の納入時には、代金の半分は払うが、最後の検収をわざと上げないことで残りの半分の費用を踏み倒すケースも多いという。

口に蜜あり、腹に剣あり

ローマの帝政初期にディオン・クリュソストモス（英・Dio Chrysostom）といわれる弁論家がいた。名前のクリュソストモスとは英語に直訳するとgolden mouth（黄金の口）という意味。クリュソストモスはその名に違わず、朗々と流れるような弁舌で人々を魅了したので、「その弁論はまるで蜜のようだ」との評判をとった。

さて、中国の唐の玄宗の時代に「口に蜜あり、腹に剣あり」（口有蜜、腹有剣）といわれた佞臣（主君におもねる心のゆがんだ臣下）・李林甫がいた。耳には心地よい甘言であるが、腹の中は人を陥れる奸策で満ち満ちていた。李林甫が同僚の李適之を巧妙に陥れた奸策を見てみよう。

資治通鑑　巻２１５・唐紀31・ＡＤ７４６年（中華書局・Ｐ６８７０）

李適之はもともとそそっかしいところがあった。ある時、李林甫が李適之に「華山あたりに金の鉱脈があるようだ。これを掘れば国の富は増えるが、陛下（玄宗皇帝）はまだご存じないようだ」。それから暫くして、李適之がこのことを奏上した。玄宗は李林甫に下問されたので、李林甫は次のように答えた。「私は、以前からこのことを知っていました。ただ、華山という場所は、王気が集まるところで、陛下にとっては命にもかかわる重要な場所です。掘削をするのはよろしくないかと思い、申し上げなかった次第です」。このことがあってから玄宗は、李林甫はわしのことを親身になって心配してくれるが、李適之は思慮が足りないと思うようになった。それで次のように命じた。「今後は、奏上する前にまず、必ず李林甫とよく協議をしてからにせよ。例外は認めない」。李適之はすることがなくなってしまった。

李適之性疏率、李林甫嘗謂適之曰：「華山有金砿、采之可以富国、主上未之知也。」他日、適之因奏事言之。上以問林甫、対曰：「臣久知之、但華山陛下本命、王気所在、鑿之非宜、故不敢言。」上以林甫為愛己、薄適之慮事不熟、謂曰・「自今奏事、宜先与林甫議之、無得軽脱。」適之由是束手矣。

資治通鑑には、この李林甫以外にも奸策を弄して人を陥れる話が数多く載せられている。

悪魔の戦術

戦国時代のハイライトの一つ、斉が燕から攻め込まれて窮地に陥った時、あたかもジャンヌ・ダルクのように亡国の危機を救ったのが、即墨(そくぼく)を守っていた斉の将軍・田単(でんたん)である。田単の「肉を斬らせて骨を断つ」戦法は『史記』にも書かれていてあまりにも有名なので省略するが、田単に負けず劣らずの秘策を用いて、天下を手にした武将がいた。五胡十六国時代の北涼(ほくりょう)の武宣王の沮渠蒙遜(そきょもうそん)だ。最終的には、王位に就くことになる蒙遜であるが、はじめからエリートコースに乗っていた訳ではない。しかし、策略を用いて、邪魔になる者を着実に1人ずつ消していったが、その策略は時として、悪魔の所業に等しいようなものであった。蒙遜の身の毛もよだつ一連の奸計をとくと拝見しよう。

まず登場するのが、名家のぼんぼんの段業だ。沮渠男成と沮渠蒙遜の従兄弟に擁立されて、北涼の王位に就いたが、常に不安を感じていた。

資治通鑑　巻112・晋紀34・AD401年（中華書局・P3521）

北涼王の段業は、勇気と智略が自分より優っている沮渠蒙遜をけむたく思っていて、何とかして、蒙遜を遠方へと追っ払ってしまいたかった。その気配を察して、蒙遜はなるべく目立たないようにしていた。さて、段業は重臣の馬権を蒙遜の代わりに張掖太守に任命した。馬権は若いころから豪気で頭もきれ、段業から重んじられていた。それで蒙遜などは格下だと見下していた。蒙遜は、こっそりと段業に「このところ世間は落ち着いていますが、ただ馬権だけが心配の種ですね」とささやいた。この言葉に乗せられて段業はとうとう馬権を殺してしまった。

北涼王業憚沮渠蒙遜勇略、欲遠之、蒙遜亦深自晦匿。業以門下侍郎馬権代蒙遜為張掖太守；権素豪儁、為業所親重、常軽侮蒙遜。蒙遜譖之於業曰：「天下不足慮、惟当憂馬権耳。」業

遂殺権。

シェークスピアの悲劇『オセロ』では、口先上手なイアーゴーの巧みな誘導で、オセロは妻デズデモーナの貞操に疑いを抱いた。始めは気にも留めなかったが、その内、次第にオセロの心はイアーゴーの暗示にかかり、どす黒い嫉妬に覆われた。そして、遂には貞淑なデズデモーナを刺し殺してしまった。段業が、罪なき馬権を殺すに至るには、イアーゴーのような「浸潤の譖」(肌身にしみいる讒言)があったのかもしれない。

ここまでだと、ありふれた話で特に述べるまでもないのだが、これからの蒙遜のやり口は実にエゲツナイの一言だ。伏線として、蒙遜が従兄の沮渠男成と段業の暗殺計画を誓う場面を見てみよう。

資治通鑑　巻112・晋紀34・AD401年(中華書局・P3522)

蒙遜は兄の沮渠男成にこう言った。「段業は決断力がないので、乱世を治める器ではありません。段業の両腕となっていた索嗣と馬権はどちらも殺されてしまいました。私めが

段業を始末して、兄上を王に推戴しますが、どうでしょう？」。男成がおだてに乗って言うには「段業は、昔単身で我らのところに逃げ込んできて、我らの力で王位に就いた。いってみれば、魚に水が必要なように、段業には我らが不可欠なはずだ。それにも拘らず、表向きは親しそうに見せながら、陰では我らを殺そうと計画しているとは、許せん！」。そこで、蒙遜は男成と示し合わせ、西安太守として転出したい旨、段業に申し出ると、段業は喜んで承諾した。

蒙遜謂沮渠男成曰：「段公無鑑断之才、非撥乱之主、曩所憚者惟索嗣、馬権、今皆已死、蒙遜欲除之以奉兄、何如？」男成曰：「業本孤客、為吾家所立、恃吾兄弟猶魚之有水。夫人親信我而図之、不祥。」蒙遜乃求為西安太守、業喜其出外、許之。

段業が北涼の王位に就けたのは、実に沮渠男成と沮渠蒙遜のおかげであったが、実力からいえば、この2人には敵わないので、いつ殺されるか内心、不安でしかたない。機会があれば、合法的に排除したいと考えていた。そういった気配を察した、男成と蒙遜はやられる前に段業を殺して、自分たちが王位に就くのが得策だと考えるようになり、協力することを約束したのだった。

ところで、沮渠男成はここでは兄と呼ばれているが『北史』（巻93）によると、実際は、蒙遜の従兄であるようだ。大家族制の中国では一族の内で自分より年上の者は、実の兄弟でなくとも兄と呼ぶ習慣があるようだ。

さて、ここまで、蒙遜は心の奥底の秘策を誰にも明かさず準備を進めてきたが、とうとうその秘策が明らかになる時が来た。

蒙遜は男成と蘭門山の祭りの日に挙兵しようと誓った。その一方で、秘かに家来の許咸を使って段業に次のように密告した。「男成は休暇をとって、反乱を起こそうと考えています。蘭門山の祭日になれば、私の言葉が本当であることが分かるでしょう」。当日、果たして蒙遜の言う通りであった。そこで、段業は男成を逮捕して自害を命じた。男成が言うには、「蒙遜は私と共謀して反乱を起こそうともちかけましたが、兄弟のよしみで黙っ

資治通鑑　巻112・晋紀34・AD401年（中華書局・P3522）

ていました。私がいる限り、部下たちはあいつにはつかないので、蘭門山の祭日に反乱しようとウソの約束をし、私を密告して、亡き者にしようとしているのです。ウソと思うなら、試しに私の罪悪を述べ立て、殺したとのニセの情報を流してみて下さい。そうすれば、あいつはきっと反乱を起こすでしょう。その時は、私が先頭に立って、あやつを討ち取って見せましょう」。懇願もむなしく、男成は殺されてしまった。

蒙遜与男成約同祭蘭門山、而陰使司馬許咸告業曰：「男成欲以取仮日為乱、若求祭蘭門山、臣言験矣。」至期、果然。業収男成賜死。男成曰：「蒙遜先与臣謀反、臣以兄弟之故、隠而不言。今以臣在、恐部衆不従、故約臣祭山而反誣臣、其意欲王之殺臣也。乞詐言臣死、暴臣罪悪、蒙遜必反、臣然後奉王命而討之、無不克矣。」業不聴、殺之。

なんと、蒙遜はこともあろうに、従兄の男成を裏切り、段業に男成の陰謀を密告したのだ。すでに、蒙遜自身は都を離れた安全地帯にいるので段業に捕まることはない。一体、どうしてこのようなことをしたのであろうか？

蒙遜は涙を流して、人々に訴えた。「兄の男成は段業の忠臣でありながら、無実にも拘らず、殺されてしまった。諸君、一緒に仇を討とうではないか！　以前、段業を王位に就けたのは、平和な暮らしを望んだからだ。ところがどうだ、今や各地で暴乱が起きているというのに、段業は何ら手を打ってくれないではないか！」。男成はもともと、人々から慕われていたので、人々は号泣し、競って仇を討ちたいと叫んだ。

資治通鑑　巻112・晋紀34・AD401年（中華書局・P3522）

蒙遜泣告衆曰：「男成忠於段王、而段王無故枉殺之、諸君能為報仇乎？且始者共立段王、欲以安衆耳；今州土紛乱、非段王所能済也。」男成素得衆心、衆皆憤泣争大奮。

蒙遜は名優さながらの演技で、段業の悪行を人々に訴えると、将兵たちは、一斉に仇討ちのために立ち上がった。当時の史書『北史』（巻93）によると「蒙遜は将兵を怒らせようとして、男成の叛逆をでっち上げて密告した」（蒙遜欲激怒其衆、乃密誣告男成叛逆）とその意図を説明するが、それまでの蒙遜のやり口から見て、自分が王位に就く際に邪魔者となる、段業と男成の２人を同時に始末する悪魔の戦術であったと私には思える。

さて、男成に従っていた将兵たちは今や、復讐に燃えて蒙遜に従い、段業のいる張掖に向かって進軍した。

資治通鑑　巻１１２・晋紀34・ＡＤ４０１年（中華書局・Ｐ３５２３）

五月、蒙遜の軍が張掖に到着した。田昂の甥の田承愛が宮廷の門を破って軍隊を宮廷に導き入れた。段業の部下たちは皆一斉に逃亡した。蒙遜を見ると段業はこう言った。「わしは昔、頼るところがなかったが、君たちのおかげで王位に就くことができた。できれば、故郷に戻り余生を妻子たちと暮らしたい」。蒙遜はこの願いを聞き入れず殺した。

五月、蒙遜至張掖、田昂兄子承愛斬関内之、業左右皆散。蒙遜至、業謂蒙遜曰：「孤孑然一己、為君家所推、願匄余命、使得東還与妻子相見。」蒙遜斬之。

人々の怒りに火をつけることで、蒙遜は易々と王の段業を倒すことができた（『北史』巻93「男成素有恩信、衆情怨憤、泣而従之」）。再びシェークスピアを持ち出すと、蒙遜の大衆操作術はカエサルが暗殺された後、血まみれになったカエサルの上着を使って大衆を扇動したアントニーのやり口そっくりではないか（『ジュリアス・シーザー』第3幕第2場）。

ところで、段業については、『晋書』（巻129）や資治通鑑（巻112）では、次のように評されている。

段業は元来、儒者で優しいところがあったが、策略に乏しく、威厳がなかった。それで、命令しても誰も守らず、部下が勝手な振る舞いをしていた。占いや超能力を信じていたのが、敗れた原因だ（儒素長者、無他権略、威禁不行、群下擅命、尤信卜筮、巫覡、故至於敗）。

部下を放任していたことが段業の命取りになったのだが、一方で、蒙遜の策略を見ると、それほどまでしないと中国では政権をとれないものかと、ため息が出る。同時に中国では、身内さえ信じることができない時代は、何も文化大革命の時だけではなかったことがよく分かる。例えば、文化大革命は毛沢東が劉少奇（りゅうしょうき）を倒すために起こしたことは今や周知であるが、当時、劉少奇の右腕であった鄧小平は、味方として温存しようとした。それは、鄧小平は一貫して「毛陣営の人」であったからだという（『鄧小平秘録・上下』、伊藤正、産経新聞社）。毛沢東の妻の江青は毛沢東の権威を利用して最強のライバルである鄧小平を消そうと躍起になったが、毛沢東は許さなかった。その上、自分の後継者に華国鋒（かこくほう）を任命することで、結果的には江青を含め四人組を撲滅することになる。

沮渠蒙遜の例でもそうだが、策略に次ぐ策略で、登場人物が次々と抹殺されていく。フィクションの小説や劇ならともかく、これが実話なのが中国の恐ろしさである。

日本人には思いつかない策略の数々

日本の戦争では、正々堂々と戦うことを良しとする風潮がある。卑怯な戦いは武士の風上にも置けぬとばかりに非難する。それ故、策略で勝ったとしても評価されず、どれだけ力いっぱい血みどろになって戦ったかで、評価される。中国は日本とは逆に、策略で勝つのを重視することについては累々述べた。最後に、日本人にはなかなか思いつかない策略を2つばかり紹介しよう。

最初の例は五代十国の分裂時代に呉の徐温（じょおん）（後の南唐の武皇帝）と梁の王景仁（おうけいじん）が激しい競

り合いを続けていた時のことである。

資治通鑑　巻269・後梁紀4・AD913年（中華書局・P8779）

呉は兵が集まったので、再度、梁と霍丘で戦った。梁が大敗した。梁の将・王景仁は数騎とともに殿を務めた。呉の兵士たちは、王景仁の恐さを知っているので、あえて追いかけなかった。戦いの前、梁の軍は、淮水を渡って南進したが、歩いて渡れる場所に目印の標識を立てておいた。呉の霍丘の守将である朱景はこっそりと標識に木を継いで長くし、深みに移しておいた。敗れた梁の兵は逃げてきて標識を見つけて渡ったが、深みにはまって大半が溺れ死んだ。呉の兵士たちは、梁の兵士の死体を集めて、霍丘にうず高く積み上げた。

呉兵既集、復戦於霍丘、梁兵大敗；王景仁以数騎殿、呉人不敢逼。梁之渡淮而南也、表其可渉之津；霍丘守将朱景浮表於木、徙置深淵。及梁兵敗還、望表而渉、溺死者太半、呉人聚梁尸為京観於霍丘。

この戦い方などは、なかなか日本人には思いつかないアイデアであろう。
もう一つの例は「三十六計、逃げるに如かず」（三十六策、走爲上策）の諺で有名な南斉の武将・王敬則の計略を『南史』から紹介しよう。

南史　巻45（中華書局・P1128）

当時、軍隊が混乱に陥って、一部の兵隊が山に逃げ込んで盗賊となり、近隣を荒らし回ったので、民衆は困っていた。そこで王敬則は、盗賊となった者全員が出頭して意見があれば言え、そうでないと軍隊をさしむけるぞと脅した。たまたまその地方に民衆の絶対的信頼をかちえている廟堂があった。そこで、王敬則はその神を引き合いに出して、自分の言葉にウソ偽りはないと誓った。軍隊を盗賊狩りに駆り立てた一方で、廟堂に酒宴を設けた。捕まえた盗賊たちを酒宴の座に着かせて次のように宣言した。「先に神に誓ったが、その時、もし誓いに背くようであれば、神に牛10頭をかえすと言った。今や、誓い通りにしよう」。そう言って、牛10頭を殺して解体し、併せて捕まえた盗賊たちを斬り殺した。

民衆は皆喜んだ。

時軍荒後、県有一部劫逃入山中為人患、敬則遣人致意劫帥使出首、当相申論。郭下廟神甚酷烈、百姓信之、敬則引神為誓、必不相負。劫帥既出、敬則於廟中設酒会、於坐収縛曰：「吾啓神、若負誓、還神十牛。今不得違誓。」即殺十牛解神、并斬諸劫、百姓悦之。

王敬則は神に誓いを立てたが、誓いを破れば、罰として牛10頭を神にかえすと言った。盗賊たちは、この言葉に安心して出てきたが、王敬則は誓いを破って盗賊たちを殺した。ただし、誓い通り、牛10頭は殺した。これによって、王敬則は誓い自体には違反していないという理屈になる。

以上の例でも分かるように、日本が日中戦争だけでなく近年のビジネスでも、中国にドンデン返しをくらって負けるケースが多く見られるが、それは合法的ではあっても、日本流に考えると卑怯な謀略にしてやられるためではなかろうか。この面で一番典型的な例が王子製紙の「南通プロジェクト」であろう。ことの顛末は、出版物（例：『誰も書かない中国進出企業の非情なる現実』、青木直人、祥伝社新書）やウェブ情報などに詳しく書かれているので省略するが、結果的には２００３年にプロジェクトがスタートするも遅延に次ぐ遅延の上、膨大な費用（２０００億円ともいわれる）をかけてようやく２０１４年になって予定の約半分の40万トンの生産工場が稼働したという。小さい規模のどんでん返し（売掛金未払いや事業撤退時の追徴金など）は数えきれないほどあるようだ。

華麗なるストリップショーで命拾い

中国の策略はなにも血なまぐさい戦場の場面ばかりに表れるわけではない。時代は下がるが、明の時代、機転をきかすことで命拾いした芸妓(げいぎ)の話を、馮夢龍の『智嚢』から紹介しよう。

明の洪武(こうぶ)年間というから、朱元璋(しゅげんしょう)（洪武帝）が明を建国した14世紀後半の出来事だ。

洪武の時代、駙馬都尉(ふばとい)の欧陽某(なにがし)が４人の芸妓を揚げて酒を飲んだことがばれてしまった。役人が芸妓を捕まえに来ると聞いて、芸妓は顔を傷つけて、罪を免れようと考えた。ある

年老いた小使がその話を聞いて芸妓のところに来て「わしに千金（現在価値で10億円）をくれるなら、命が助かる方法を教えて進ぜよう」と言った。芸妓はワラにもすがる思いで、半分の金を渡した。老人は言った。「お上は、お前たちが平生、贅沢をしていることはとっくにご存じだ。騙そうとはせずに、そのままの顔で憐れな声を出して泣けば、助かる見込みはある」。芸妓は「どうすりゃいいの？」と尋ねた。老人が言うには「沐浴をして体を清め、顔だけでなく、全身におしろいを塗り、香水をふりかけよ。肌もつやつやにせよ。首にはネックレスをかけ、一番豪華な服を着ろ。金銀や宝石で体を飾り立てよ。下着も白地はダメだ、すべて色物にしろ。そうすれば、誰だって心がとろけるものだ」。芸妓が「それでどう言えばいいの？」と聞くと老人は「一言、ああ、とつぶやくだけでよい」と言った。芸妓は「お教えに従います」と答えた。

さて、芸妓が皇帝の面前に引き出された。罪を問い詰められても一言もしゃべらなかった。皇帝は怒って役人に「こやつらを打ち殺してしまえ」と命じた。鞭打ち台に縛られるため、芸妓たちは着ている物を一枚一枚と脱いでいったが、どれもこれも艶やかな図柄の着物ばかり。色鮮やかな着物がみるみる地面にうず高く積まれていった。最後に下着を脱いだが、裸身は衣服に劣らず、肌はまるで玉石のように艶やかに輝き、人々の目を奪った。そして、あたり一面に香水が馥郁（ふくいく）と漂った。皇帝は思わず「小悪魔どもがわしを惑わせよって。なかなか知恵の回るやつらだ」とつぶやき、きつく叱っただけで、放免した。

洪武中、駙馬都尉欧一陽一某偶挟四妓飲酒。事発、官逮妓急。妓分必死、欲毀其貌以覬万一之免。一老胥聞之、往謂之曰：「若予我千金、吾能免爾死矣。」妓立予五百金。胥曰：「上位神聖、豈不知若輩平日之侈、慎不可欺、当如常貌哀鳴、或蒙天宥耳。」妓曰：「何如？」胥曰：「若須沐浴極潔、仍以脂粉香沢治面与身、令香遠徹、而肌理妍艶之極。首飾衣服、須以金宝錦銹、雖私服衣裙、不可以寸素間之。務尽天下之麗、能奪目蕩志則可。」問其詞、曰：「一味哀呼而已。」妓従之。比見上、叱令自陳、妓無一言。上顧左右曰：「榜起殺了。」群妓解衣就縛、自外及内、備極華爛、絵采珍具、堆積満地、照耀左右、至裸体、装束不減、而膚肉如玉、香聞遠近。上曰：「這小妮子、使我見也当惑了、那厮可知。」遂叱放之。

お見事、芸妓たちの命を救った、老人の策略に拍手！

第2章

義と権（けん）

現代中国の黒い過去

現在の日中関係を考えるに、数年前からの尖閣諸島を巡る領有権問題で、日本国内には中国に対する反発が広まっている。また中国国内のさまざまな問題―例えば、食品の安全問題、ＰＭ２・５による大気汚染や環境問題、共産党員の汚職の蔓延など―を聞き、中国のネガティブな面の印象だけで嫌中意識をもつ日本人が増えている。私は、中国の黒い部分の存在は認めるものの、だからといって中国の文化全体を否定する考えには与しない。

例えば、歌の上手な歌手が万引きをしたとしよう。一般的にいえばこの人は犯罪者ではあるが、だからといってその歌声までが否定されるわけではない。これと同様、中国社会にネガティブな面があるからといってポジティブな面までをも否定してはいけない。中国に限らず、どの社会もそうだが、ネガティブとポジティブな面は同時に並存し得るのだ。

現代中国を正しく理解する要点は、現在の中国に起こっているネガティブな面は今になって急に始まったわけでなく、遠い過去から連綿と続いてきたものである、という認識をもつことである。つまり現代中国の黒い面は一時的な現象ではなく、彼らの伝統の一部であるのだ。中国というのは日本と比べると人口だけでなく、すべてにおいて桁違いである。善悪のレンジも桁が違う。それ故、中国の歴史には質量とも日本人には考えもつかないような言動が見られる。

その中には我々にとって模範とすべき人物もいれば、あまりにおぞましい言動に二の句が継げないような人物もいる。善悪どちらにしろ、具体的な事例を通して、中国人のもっている倫理観を理解する必要がある。

中国人的思考のキーワード「権」

中国人の伝統的価値観を理解するには「義」と「権」の正しい意味を知らなければならない。ざっくりいえば、「義」とは「人の踏むべき正しい道」のことであり、「権」とは「実践的に正しいこと」である。

義とは「正しいこと」であるという辞書的な意味は分かったにしても、もう少しつっこんで「正しい」とは一体どういうことか、と問われると答えに窮してしまうであろう。さまざまな言葉を使って説明しようとしても、結局は堂々巡りに陥ってしまうのが落ちだ。

抽象的な単語というのは、辞書的な説明で内容が明らかになることは少ない。抽象語の理解には具体的事例が必須である。この意味で何を正しいと考えるかについて、日本人と異なった感覚をもっている中国人の行動を、史書から拾い出して研究することが必要だ。

ところで、義は日本人にはまだしもなじみある言葉であるが、権については初めて耳にする人も多いことだろう。唐の李賢（りけん）（章懐太子）は「権」を「正道に逆らうことがあっても、物事を成功に導くものを、『権』といい、『経典に反しても義に合致するもの』のことである」と説明する（『後漢書』巻28の注「於正道雖違逆而事有成功者、謂之権、所謂反経合義者也」）。

つまり「権」とは「経（けい）には違反するが義に適（かな）う」（反経合義）ものなのだと分かる。ここでいう経とは五経のことで、儒教の憲法、あるいはルールブックともいうべきものである。それ故、「経に反する」言動は通常であれば許されるはずがないが、その言動の結果が「義」に合うものであれば許されることになる。論理的に解釈すれば「義」は「経」より上位にあるということだ。「経」は現代でいう「法」であるから、「権」というのは「超法規」ということになる。

このように説明しても、具体的なイメージがわいてこないだろうと思われるので、卑近な例をとり上げてみよう。

空港のチケットカウンターや保安検査場で、よく職員が「○○分発の△△行きのお客様はいらっしゃいますか？」と尋ね回っているのを見ることがあるだろう。飛行機の出発時間が迫っている人が、列の後ろにいないか探しているのだ。見つかれば、列の先頭に連れていき、真っ先に手続きして搭乗させる。この一連の動作が「権」である。列に並んだ順に搭乗手続きが処理されるという「規則・法」を一時的に無効にして後ろの人を先にするという「超法規」的処理が「権」なのだ。この場合もそうだが、このような「超法規」的行為は社会的に「義」（よし）として是認されている。

このように義と権は、密接に関連していることが分かる。資治通鑑の中から、義や権の行為をピックアップして、その本質に迫ってみよう。

自分に逆らった者を義として誉めた曹操（そうそう）

『三国志』で曹操の敵役として登場する袁尚（えんしょう）は、名門貴族の御曹司だけあって、戦乱の時代を生き抜くバイタリティに欠けていた。曹操との戦いに敗れ、大勢の兵を失って、公孫（こうそん）

康のもとに逃げ込んだ時には、ほっとしたに違いない。そのちょっとした気の緩みが袁尚の命とりになってしまった。

資治通鑑　巻65・漢紀57・AD207年（中華書局・P2072）

遼東の単于の速僕丸は、袁尚と袁煕の兄弟を連れて遼東の太守である公孫康の下に逃げ込んだ。その時はまだ数千騎の軍勢が一緒だった。ある人が曹操に「この機会を逃さず、追い打ちをかけるべき」と進言したが、曹操は「なあに、待っていればその内に公孫康から袁尚と袁煕の首が届くよ。わざわざ兵を出すまでもない」と言って、さっさと柳城を引き払って帰っていった。公孫康は袁尚と袁煕を討ち取ることで、手柄をたてたいと思った。それでまず、精鋭部隊を別室の中に隠しておいてから、袁尚と袁煕を呼び入れると、まだ座席に着かない内に、公孫康が伏兵に大声で呼びかけ、たちまち2人は捕えられた。袁尚と袁煕の首を刎ね、ついでに速僕丸の首も添えて、曹操に送ってきた。武将たちは、曹操に「殿が引き返したのに、なぜ公孫康がわざわざ袁尚と袁煕の首を刎ねたのでしょうね？」と尋ねた。曹操がそれに答えて言うには「公孫康は昔から袁尚と袁煕を恐れていたんだ。

わしがあの時にあせって攻めていったなら、3人は力を合わせて刃向かってきたであろうよ。ほうっておくと仲間割れするのは、目に見えていたんじゃ」。

遼東単于速僕丸与尚、熙奔遼東太守公孫康、其衆尚有数千騎。或勧操遂撃之、操曰：「吾方使康斬送尚、熙首、不煩兵矣。」九月、操引兵自柳城還。公孫康欲取尚、熙以為功、乃先置精勇於廐中、然後請尚、熙入、未及坐、康叱伏兵禽之、遂斬尚、熙、并速僕丸首送之。諸将或問操：「公還而康斬尚、熙、何也？」操曰：「彼素畏尚、熙、吾急之則并力、緩之則自相図、其勢然也。」

曹操は、袁尚と袁熙をさらし首にし「2人の首に哭礼（こくれい）（死者を悼んで泣く儀式）を行う者は、斬首に処する！」（敢有哭之者斬！）と宣言した。しかし、部隊の中でただ一人、牽招（けんしょう）だけは曹操の布告を無視して儀式通りの哭礼を行った。

この行いについて曹操はどうしたであろうか？　普通の君主なら、自分の命令に堂々と違反したのであるから、怒って処刑するところであるが、曹操は逆にこれを義と誉めた。

それどころか、牽招を「茂才」（秀才）に推薦した、つまり官吏に登用したのだ。この一連の言動に中国人の考える義の本質を見ることができる。『三国志』（巻11）によれば、もう一人、田疇も牽招と同様に、袁尚の首に対して哭礼を行ったが、曹操は別段咎めなかったという（太祖亦不問）。

現代中国でも牽招の行いと類似した例を見い出せる。胡耀邦は鄧小平とタッグを組み、積極的に改革開放を推進したが、鄧小平の意向に反し、西欧的な民主化を実現しようとした。それが鄧小平の逆鱗にふれ、とうとう1987年に総書記を解任された。この時、政敵だけでなく、いわゆる「桃園の結義」を交わした王鶴寿ですら、胡耀邦の私的会話を暴露して窮地に追い詰めた。だが胡錦濤は、解任は不公平だと堂々と主張した。

ところで、『三国志』（巻26）によれば、牽招はこの行為だけでなく、子どものころから「義」の人として有名だったようだ。

三国志　巻26・魏書26（中華書局・P730）

牽招は字を子経といい、安平県の観津出身である。十数歳の時に、同じ県に住む楽隠に

師事した。その後、楽隠が車騎将軍の何苗の長史（事務次官）に任じられると、牽招も一緒について行ってさらに学問を修めた。暫くして、都が大混乱に陥り、何苗と楽隠の2人とも殺害されたので、牽招は楽隠の門下生の史路らとともに、戦乱の中、身の危険を冒して一緒に師の遺骸をとりに行って棺に入れた。そして遺骸を埋葬しようと棺を担いでいく途中で、盗賊に出会った。史路たちは一斉に逃げ去ってしまったが、牽招だけはその場に残った。盗賊たちは、棺を壊して釘だけを盗み取ろうとしたが、牽招は涙ながらに「壊さないでくれ」と訴えた。盗賊たちは、牽招の行いを義だとして、何も盗らず去っていった。それから牽招の名前が世間に知れ渡るようになった。

牽招字子経、安平観津人也。年十余歳、詣同県楽隠受学。後隠為車騎将軍何苗長史、招随卒業。値京都乱、苗、隠見害、招倶与隠門生史路等触蹈鋒刃、共殯斂隠屍、送喪還帰。道遇寇鈔、路等皆悉散走。賊欲斫棺取釘、招垂涙請赦。賊義之、乃釈而去。由此顕名

盗賊たちに囲まれても、恐れることなくただ一人、師匠の棺を守り抜いた牽招の勇気あ

る行為を、盗賊たちも「義」と認め、敬意を払ったのだ。

義は敵味方を超越する

「義」は敵味方という、利害関係で対立するグループをも超える。つまり、敵であっても「義」は守るべきものなのだ。その例を示そう。

時は後漢末期、宦官と清流派の党人官僚の対立から「党錮の禁」が起こった。何人もの党人が捕まり投獄されたが、難を免れた党人もいた。

資治通鑑　巻56・漢紀48・ＡＤ１６９年（中華書局・Ｐ１８２１）

以前、中常侍（宦官）の張讓の父が死去した。張讓は礼の定めに従って、生まれ故郷の潁川まで棺桶を運び埋葬した。葬式には村人がこぞって参加したものの、名士たちは「宦官ごときの葬式なんかに出られるか！」と誰一人葬式に出席する者がいなかった。張讓は馬鹿にされたのを大層悔しく思っていたが、ただ一人、陳寔だけは弔いにやって来た。さて、党人が弾圧された時、張讓はかつての恩に報いるべく、陳寔をかくまったので、陳寔

の関係者の多くは難を免れることができた。

初、中常侍張譲父死、帰葬潁川、雖一郡畢至、而名士無往者、譲甚恥之、陳寔独弔焉。及誅党人、譲以寔故、多所全宥。

党錮の禁とは後漢末に発生した宦官のグループと官僚（党人）のグループ同士の激しい権力闘争である。宦官の一人、張譲は当然のことながら党人の陳寔とは敵対関係になる。ところが、張譲はそういった公的関係より、以前、陳寔が自分の父親の葬式に参列してくれた私恩の方を遥かに重視したわけだ。現代でもそうだが、中国の政治闘争では時折、敵対する党派間の関係からでは説明のつかない現象が見られる。このような場合、裏にこういった私恩による力学が働いているのかもしれないと感じる。

先に述べたが、１９８７年に胡耀邦が総書記を解任され、胡錦濤は解任に異議を唱えた。この時、長老の中では一人習仲勲だけが、やはり解任に強く反対した。後になって、胡錦濤政権時、江沢民が自派（江沢民派）を強化するため、上海市の書記に習仲勲の息子である習近平（太子党）を据えることを胡錦濤に迫ったが、胡錦濤は習仲勲への恩義から自派（共青派）に不利になることを承知の上で承認した。

頑強な抵抗をした高句麗の将を誉めた唐の太宗

「義」は敵味方関係なく通用することについて、唐の太宗（李世民）の例を紹介しよう。

まず、唐の太宗だが、中国の名君の一人に数えられていて、その言行は『貞観政要』に詳しい。この本は世評の高い本だが、毒も薬も混じっている。単純に太宗の良さだけを強調した本だと考えると、一知半解の誹りを免れまい。

私は『貞観政要』を数度読んだが、率直な感想を述べると、この本は世間でいうような唐の太宗を単純に称えるための本ではない、と感じる。文章に多少の脚色はあると推測されるものの、史実を割と率直に書いている。太宗の良い面だけでなく、失策もかなり書かれている。とりわけ後年になってからの、太宗のボケぶりがくっきりと浮き立っている。

その反面、硬骨の名臣・魏徴の常に変わらぬシャープな切れ味が死ぬまで冴えていた。編者は暗に、唐王朝の本当の中心人物は魏徴である、とでも言いたかったように思えた。

剛毅な太宗ですら憚（はばか）った魏徴が６４３年に死ぬと、太宗は初めて自由気儘（きまま）に振る舞える開放感を味わったに違いない。すぐさま高句麗征伐に乗り出した。準備不足もあったろうが、大義なき侵略戦争であったので、意気がまるで揚がらなかった。一方の高句麗は国の存亡がかかった必死の戦いであった。小国でありながら、何十万もの唐の軍隊の激しい攻撃によく耐え抜いた。

そのすさまじい攻防の様子を、資治通鑑は次のように伝える。

資治通鑑　巻１９８・唐紀14・ＡＤ６４５年（中華書局・Ｐ６２２９）

江夏（こうか）王の道宗（どうそう）が多くの兵を監督し、安市（あんし）の城の東南の角に築山を作って、そこから敵城に攻め入ろうとした。敵（高句麗軍）も負けずに城壁を高くした。士官も兵卒も交代で攻め、日に6回も7回も戦闘を繰り返した。城壁を突き破るための特殊車輌や大型の投石機を投入して、敵陣の櫓や垣を壊した。敵は急遽、木の柵を巡らせて、壊れた部分を補強した。道宗も足にけがをしたので、太宗自ら鍼（はり）を打ってあげた。延べ50万人もの人間を投入して、昼夜休まず2か月ぶっ通しで、築山を築いた。山の頂上が敵の城とわずか数メートルのと

ころまで近づき、敵の城の中を見ることができた。道宗は勇猛な傅伏愛（ふふくあい）とその部下たちを築山の上に待機させて敵への攻撃に備えさせたが、築山が崩れて城へ落ちかかり、大量の土の重みで城も崩れてしまった。傅伏愛が部所を離れている隙に、高句麗兵数百人が城の崩れたところから出てきて山を奪い取り、塹壕を掘って守備を固めた。

江夏王道宗督衆築土山於城東南隅、浸逼其城、城中亦増高其城以拒之。士卒分番交戦、日六、七合、衝車礮石、壊其楼堞、城中随立木柵以塞其欠。道宗傷足、上親為之針。築山昼夜不息、凡六旬、用功五十万、山頂去城数丈、下臨城中、道宗使果毅傅伏愛将兵屯山頂以備敵。山頽、圧城、城崩；会伏愛私離所部、高麗数百人従欠出戦、遂奪拠土山、塹而守之。

　高句麗の安市城を取り囲み、兵糧攻めにしつつ、一方では城壁の近くに土を盛って山を築き、そこから敵陣に攻撃をしかけようとしたのだ。2か月間、延べで50万人を投入したというからその築山の規模が想像できよう。高句麗の城壁もそこから逆算すれば、30メートル（10階建てビル）近くはあったものと思われる。

ところがせっかく築いた山も自重で崩壊してしまい、逆に敵にその山頂を占領されてしまった。このように、戦況が思わしくなく、越冬の準備をしてこなかった太宗は晩秋の到来とともに引き揚げた。それを見て、高句麗の守備隊長がある行動をとった。

資治通鑑　巻198・唐紀14・AD645年（中華書局・P6230）

太宗は、遼左（りょうさ）地方は冬の到来が早く、草も枯れ水も凍りついてしまうので、兵士も戦馬も寒さに耐えられないだろうと考えた。その上、食糧も底を尽きそうになったので、退却を決意した。占領した遼州と蓋州（がいしゅう）の住民を遼河の向こうに渡らせ、安市の城下を軍事パレードしてから帰途についた。城の住人（高句麗人）は皆、城塞の中に隠れて顔を見せなかったが、一人、城主だけは天守閣に登って太宗に向かって拝礼した。太宗は、敵ながら立派に城を守り抜いたと誉めて、城主に布100反を贈ってその守備を嘉（よみ）した（誉めた）。

上以遼左早寒、草枯水凍、士馬難久留、且糧食将尽、癸未、敕班師。先抜遼、蓋二州戸口渡遼、乃耀兵於安市城下而旋、城中皆屏跡不出。城主登城拝辞、上嘉其固守、賜縑百匹、以励事君。

日本の武将であれば、遠路はるばるやってきて、数か月にわたる攻撃がことごとく失敗し、傷心の面持ちで帰路につくのに、拝礼するとは「このわしを馬鹿にしているのか！」と怒るところであろう。

しかし、中国人の考えは、日本人とは視点が異なるようだ。

太宗の心を忖度（そんたく）すると、次のように考えたのかもしれない。高句麗の守将は高句麗の主君に忠義を尽くした良将である。しかし、もし何らかのきっかけで将来、唐に亡命した暁には、今度は唐のために死力を尽くしてくれるだろう、と。あるいは、次のように考えたのかもしれない。この守将の敢闘ぶりは唐軍の将士にも感銘を与えたはずだ。頑強に抵抗した敵将を誉めることで、自分の部下に対しても同じような行為を期待しているぞ、との強いメッセージを送ったのだ、と。いずれにせよ、義を行うのは敵であれ味方であれ、誉めるに値するというのが当時の価値観であった。

私怨と公義は別物

英訳しにくい日本語の一つに「卑怯」という言葉がある。確かに英語のunfairが卑怯に該当する単語ではあるが、私にはどこかニュアンスがぴたりと一致していないような感じがする。このように、辞書を引けば対応する単語が載っていて、大体において同じだが、微妙にニュアンスが異なる単語の意味を、価値判断の差まで含めてきちんと理解することが、異文化理解では一番難しい点であろう。こういう単語は、いくら辞書の定義を読んでも結局は分からない。いくつもの実例を見て、帰納的にその単語の意味を自分自身で納得するしか方法がない。

「義」という単語の理解も同じだ。

中国人が「義」と感じた言動の例をさらに見ることにしよう。

資治通鑑　巻58・漢紀50・AD184年（中華書局・P1873）

武威（ぶい）という地方を治めていた太守は特権を濫用して貪欲を恣（ほしいまま）にしていた。そこで涼州（りょうしゅう）

（現在の甘粛省）の従事で武都出身の蘇正和は太守を弾劾した。地方長官（刺史）の梁鵠は自分も弾劾されるのではないかと恐れて、蘇正和を無実の罪で陥れようと考え、漢陽の長史の蓋勲を訪問した。というのは、蓋勲はもともと蘇正和と仇敵の間柄であったからだ。蓋勲に「この機会を利用して蘇正和をやっつけてしまえ」とけしかけた。蓋勲は「罪もないのに良吏を殺すのは忠とはいえない。人の窮地に乗じるのは仁とはいえない」と言って断った。それどころか、梁鵠を戒めて「鷹や隼をかごに閉じ込めて餌を与えないのは、飢えさせておいて、放して獲物をとらせるためだ。それなのにその鷹隼を煮て食ってしまえば、それ以上獲物がとれないではないか！」と叱った。そこで梁鵠は蘇正和を陥れることをあきらめた。蘇正和はこれを聞いて蓋勲に礼を言おうと訪ねたが、蓋勲は面会を拒絶してこう言った。「私は梁鵠のためにしたのであって、君のためにしたのではない」。蓋勲の蘇正和に対する怨みは以前と変わらなかった。

武威太守倚恃権貴、恣行貪暴、涼州従事武都蘇正和案致其罪。刺史梁鵠懼、欲殺正和以免其負、訪於漢陽長史敦煌蓋勲。勲素与正和有仇、或勧勲因此報之、勲曰：「謀事殺良、非

忠也；乗人之危、非仁也。」乃諫鵠曰：「夫紲食鷹隼、欲其鷙也。鷙而亨之、将何用哉！」鵠乃止。正和詣勲求謝、勲不見、曰：「吾為梁使君謀、不為蘇正和也。」怨之如初。

蓋勲はもともと蘇正和と仇敵の間柄ではあったが、蘇正和が正義感に溢れた循吏（善良な役人）であることを知っていた。それで梁鵠が無実の罪を蘇正和にかぶせようとしたのを、「人の危きに乗ずるは仁にあらず」として反対したのだ。蓋勲の言動から、中国人の伝統的な価値観としての義の意味が分かるのではなかろうか。つまり、義とは、敵味方であるとか、利害が絡むからといって、その基準が揺らぐものではない。義は、いかなる境遇にあっても常に変わらぬ人の行動指針であるのだ。この意味で、義は法を超える超法規的性質をもつ概念である。それ故、現在の中国人の行動がどうであれ、中国の史書に描かれている義の行いは、我々日本人にとっても今なお指針として価値をもち続けるのである。

数百人が身代わりにと、助命嘆願

『三国志』の当時は、国は分かれていたにせよ、同じ漢族であったので、価値観を共有していたといえよう。しかし、その後数十年して、晋が八王の乱をきっかけに崩壊し、五胡十六国時代に入った後、中国に侵入してきた遊牧民たちも義に関しては同じ価値観を共有していた。

北魏の元孚（げんふ）は、信都（しんと）防衛の責任者であったが、鮮卑（せんぴ）（五胡の1つ）人の葛栄（かつえい）の包囲に対して半年近くも頑張り抜いた。しかし、とうとう食糧も尽きて陥落すると、誰もが元孚の命を救おうとした。

資治通鑑　巻151・梁紀7・AD527年（中華書局・P4731）

葛栄が北魏の信都を包囲したが、春から冬に及んだ。冀州（きしゅう）刺史の元孚は士官や兵士を励まして昼夜を問わず守りを固めたが、備蓄食料も尽き、救援部隊も来なかった。それでとうとう城が陥落した。葛栄が元孚を捕え、城の中にいた住民を追い出したが、極寒の中、凍死者が6、7割に達した。元孚の兄の元祐（ゆう）は防城都督（ぼうじょうととく）という役職にあった。葛栄が士官たちを集めて、捕虜の処分について話し合ったところ、元孚の兄弟たちは、いずれも責任は自分にあるので、自分を死刑にしてくれと言い争った。それだけでなく城の防衛隊長

の潘紹（はんしょう）ら、数百人が自分の命と引き換えに元孚の命を救ってくれと地面に頭を打ちつけて懇願した。これを見て、葛栄は「この人たちは皆、魏の忠臣義士だ」と言って、捕虜の500人全員を釈放した。

葛栄囲魏信都、自春及冬、冀州刺史元孚帥励将士、昼夜拒守、糧儲既竭、外無救援、己丑、城陥：栄執孚、逐出居民、凍死者什六七。孚兄祐為防城都督、栄大集将士、議其生死。孚兄弟各自引咎、争相為死、都督潘紹等数百人、皆叩頭請就法以活使君。栄曰・・「此皆魏之忠臣義士。」於是同禁者五百人皆得免。

『北史（ほくし）』（巻16）によると、元孚は子どもの時から誉れ高く、将来を嘱望されていた。冀州の地方長官（刺史）に着任すると、農業や養蚕を奨励し、地元の人々からは慈父と称えられ、近隣の州からは、神君と称された（勧課農桑、境内称慈父、隣州号曰神君）。

元孚の命を救うために、何百人もの人が自分の命を代わりに差し出そうとしたのを見て、鮮卑人の葛栄も元孚の人格に改めて畏敬の念を抱いたのであった。

敵であっても義を誉める

戦争とは、原因や理屈はどうであれ、結果的には相手に勝つことを目的とした殺し合いである。それ故、あらゆる手段を用い、人間らしさ（仁）は無用だというのが、「宋襄の仁」の故事が教えるところである（『春秋左氏伝』襄公22年）。

一方、仁と並んで徳目のトップに据えられている義はどうだろうか？ 中国の歴史を読むと、義は仁と異なり、戦時においてすら敵味方問わず実践すべきだと考えられていたようだ。

その例を挙げてみよう。

資治通鑑　巻187・唐紀3・AD619年（中華書局・P5866）

淮安王の神通が慰撫使の張道源に趙州の守備に当たらせたが、竇建徳によって趙州城が陥落させられ、総管の張志昂と張道源が捕えられた。竇建徳はこの2人と邢州の知事の陳君賓が降伏せずに頑強に抵抗したのに腹をたて、殺してしまおうと思った。それに対して、

国子祭酒（大学の総長）の凌敬が諫めて言うには、「臣下というのは自分の主人のために尽くすものです。守備を固めて、降参しなかったというのは忠臣ではありませんか。今、この人たちが降参しなかったからといって殺してしまったら、大王は臣下たちをどうやって励まそうというのでしょう？」。それでも竇建徳は怒って、「わしが城下に着いても、やつらは降参もせず、力尽きてようやく虜となった。斬って捨てても構わないではないか！」。凌敬がさらに論駁して言うには、「もし大王が（自軍の）大将の高士興に、（敵の）羅芸を易水の地点で防ぐよう指示したとしましょう。羅芸が到着するやいなや、高士興が降参したら、どう思われますか？」。竇建徳はもっともな話だと納得して、捕えた人たちを釈放した。

淮安王神通使慰撫使張道源鎮趙州。庚寅、竇建徳陥趙州、執総管張志昂及道源。建徳以二人及邢州刺史陳君賓不早下、欲殺之、国子祭酒凌敬諫曰：「人臣各為其主用、彼堅守不下、乃忠臣也。今大王殺之、何以励群下乎！」建徳怒曰：「吾至城下、彼猶不降、力屈就擒、何可捨也！」敬曰：「今大王使大将高士興拒羅芸於易水、芸才至、興即降、大王之意以為何如？」建徳乃悟、即命釈之。

竇建徳は敵将の張志昂や張道源が城に立てこもったため、城を落とすまで多くの犠牲を強いられたのに腹をたて、生け捕った敵将を殺そうとした。しかし凌敬が、彼らは自分の主君のために頑張ったのだから、殺すべきではない、と主張した。守備を任された将軍が敵に攻められるとすぐに降参するのを是とすれば、自分の家来だって相手方にすぐに降参してしまうだろう。敵味方を問わず、城や領土を守るという職務に忠実であるべきだ、と凌敬が説いた。中国の戦争は、日本とは異なり、敵味方がころころ変わる。現代の政治やビジネスでもそうだ。昨日の敵でも今日の味方になるかもしれない。そのような社会環境が、敵味方に関係なく義の行為を誉めるという行為につながったのかもしれない、とも考えられる。

戦場における義

この凌敬と同じ論法は、劉邦が敵将・季布を赦したケースにも見ることができる。

楚の項羽と漢の劉邦が激戦を繰り返していた時、劉邦は「季布の一諾（信頼できる固い約束）」の故事で有名な驍将（勇猛な将軍）・季布にたびたび死にそうな目に遭わされた（数窘辱帝）。それで、項羽を倒した後、季布の首に千金（現在価値にして10億円）の懸賞金をつけて行方を追った。しかし、任侠の大親分の朱家が秘かに季布をかくまったので、捕まえることができなかった。頃合いを見計らっていた朱家は、劉邦の信頼の厚い滕公（夏侯嬰）を、凌敬と同じ論理で説得し、季布の赦しを得ることに成功した。

しかし、季布の叔父である丁公は、これとは逆のケース、つまり自分の職務に不実であったため誅戮されてしまった。

資治通鑑　巻11・漢紀3・BC202年（中華書局・P360）

季布の母の弟である丁公もまた項羽の将軍であった。彭城の西での戦で、劉邦に肉薄した。劉邦はあわやという時に振り向いて丁公を見て「我々2人が危ない目に遭う必要がないではないか」と言ったので、丁公は兵を引き揚げた。後に、項羽が死んでから、丁公は劉邦に目通りを願った。劉邦は、丁公を軍隊の中を引き回して「丁公は項羽に対して不忠を働いた不届きな輩だ。項羽が天下をとれなかったのもこやつのせいだ」。そして丁公を

斬って言った。「臣下に丁公のマネをさせないようにする為だ」。

（季）布母弟丁公、亦為項羽将、逐窘帝彭城西。短兵接、帝急、顧謂丁公曰：「両賢豈相厄哉！」丁公引兵而還。及項王滅、丁公謁見。帝以丁公徇軍中、曰：「丁公為項王臣不忠、使項王失天下者也。」遂斬之、曰：「使後為人臣無効丁公也！」

丁公は劉邦が危地に陥った時に、わざととどめを刺さずに見逃してやった。つまり、劉邦に大きな貸しを作ったわけだ。それで、項羽が死んで、劉邦の天下となったからには、貸しを返してもらえるものと期待して劉邦の前に現れた。しかし、劉邦は丁公を、項羽に不忠を働いたやつだとして、項羽に代わって、否、天になり代わって義を行った。

この行為の論理的裏付けとして、資治通鑑の編纂者の司馬光（しばこう）は、戦乱時の論理と治世時の論理の違いによる、として次のように批評した。

資治通鑑　巻11・漢紀3・BC202年（中華書局・P360）

（司馬光の意見）高祖は生まれ故郷の豊や沛（豊、沛は地名）で旗を挙げて以来、豪傑を取り込み、寝返り者を数多く受け入れた。ところが帝位に就いた途端に、丁公だけを誅戮したのは何故だろうか？

それは、天下の動乱時と平和時のルールの違いだ。動乱時には、まだ天下の主が決まっていないので、人民はあちこちに仕えるべき主人を求めてさまよう。それで、主人もそういった人たちをどしどしと受け入れる。しかし、天下が統一されると人々はすべて天子の臣下となる。この時になって、天子が礼儀の何たるかを臣下に示さず、あわよくば自分が主人になってやろうという反逆者を野放しにしておけば、国家が安定しない。それで、天下に義とは何かを示し、不忠なる者には、どこにも住む家がない、と知らしめる必要がある。かつて自分を助けてくれた恩人だといっても、私恩を売った者は義の観点からは受け入れるわけにはいかない。一人を懲罰することで千万人が恐れ、違反をしなくなる。なんと思慮深い考えではないか。漢が合計で四百数十年間、天下に君臨したのも、納得のいく話だ。

臣光曰：高祖起豊、沛以来、罔羅豪桀、招亡納叛、亦已多矣。及即帝位、而丁公独以不忠受戮、何哉？夫進取之与守成、其勢不同。当群雄角逐之際、民無定主；来者受之、固其宜也。及貴為天子、四海之内、無不為臣；苟不明礼義以示之、使為臣者、人懐弐心以徼大利、則国家其能久安乎！是故断以大義、使天下暁然皆知為臣不忠者無所自容；而懐私結恩者、雖至於活己、猶以義不与也。戮一人而千万人懼、其慮事豈不深且遠哉！子孫享有天禄四百余年、宜矣！

この司馬光の批評に見える忠君の義はその後、朱子の『資治通鑑綱目』でさらに色濃く織り込まれ、「忠君」は朱子学の基軸の理念のひとつとなった。孔子は儒学を創設したといわれているが、孔子は当時の価値観を「述而不作」（述べて作らず）の態度でまとめたに過ぎない。当時の価値観では、忠君というのは主君の態度に対して是々非々で臨むべきものであった。ところが、10世紀の宋以降は絶対的な命令となってしまった。

南宋以降、朱子学に染まった中国や李氏朝鮮において、儒学はもはや、人としての正しい生き方とは何かを求める高邁な哲学ではなくなった。例外はあるものの、概していえば名分や経典の形式的な解釈にとらわれ、『朱子家礼』（礼儀作法の書）の記述通りに儀式を行うなど、もっぱら形式に拘泥する小胆者の空念仏になりさがった。

義の行為の数々

以上に述べた以外にも、資治通鑑には、「義」に関する事例が数多く載せられている。最後に、義の性質を端的に表している例を2つばかり挙げることにしよう。

1．趙廞が討ち取った耿滕の喪を許した（巻83）

西晋末、八王の乱を契機として、中央の西晋王朝が崩壊していく中、地方では有力者たちが独立しようと画策を始めた。益州（現在の四川省）の長官の趙廞が都の宮廷に呼び戻され、代わりに耿滕が赴任することになった。趙廞は都に戻れば殺されると恐れ、いっそのこと独立しようとして、耿滕と戦闘となった。耿滕が敗れて殺されてしまうと、部下は皆逃げてしまった。趙廞を恐れ、誰一人として耿滕の死体を葬ろうとはしない中、陳恂が埋葬を許して欲しいと願い出た。趙廞はそれを「義」として許した（廞義而許之）。

2. 宋混は自分を刺した玄臚を義だとして腹心に登用した（巻100）

涼州の長官の張瓘は残虐で横暴だった。しかし、剛直で清廉な将軍の宋混とその弟の宋澄を恐れ、殺そうと計画し、数万の兵を集めた。宋混と宋澄は機先を制して攻撃をかけ、張瓘の軍を粉砕した。その最中、張瓘の部下の玄臚が宋混を刺したが鎧に阻まれて傷を負わせることができずに捕まってしまった。宋混は玄臚の行為を義だと誉め、さらに自分の腹心に採用した（混義之、任為心膂）。

ところで、「義」の精神は現代中国にも見られる。日中国交を正常化した田中角栄に対し、中国の要人たちは「水を飲む人は井戸を掘った人を忘れない」という毛沢東にちなむ言葉を挙げて、犯罪者として起訴された田中の自宅を訪問している。この行為は「義」といえよう。

権道という超法規的手段

次に「権」に移ろう。

権道という言葉がある。諸橋轍次の『大漢和辞典』では「手段が常道に反して結果が道に合う」と定義されている。宋の儒者・孫奭が『孟子』《離婁上》につけた注釈には次のように説明する。「権が道といわれるのは、事態を変えるからである。是認される時もあるが、是認されない時もある。ただ、経（法）に違反するも結果が良いものは権道といわれる」（夫権之為道、所以済変事也、有時乎然、有時乎不然、反経而善、是謂権道也）。権道に類似の語句としては、「権宜、権義、権智、権変、権謀、権略」などが同じく大漢和に見える。

現代用語でいえば、権道とは、超法規的手段ということだが、むやみと使うものではなく、他に手段がない時にやむなく使うものである、と我々は考える。しかし、中国では、この権道がかなり日常茶飯事的に使われていたようだ。

近年の例でいうと鄧小平の提唱した「社会主義市場経済」などは「権道」の典型であろう。1992年1月、鄧小平は武漢、深圳、珠海、上海などを視察し改革開放の成果を認めると共にさらなる加速を求めた。その年の10月の党大会で「社会主義市場経済」という新たな路線が提唱された。社会主義というと国家主導の計画経済であるので、資本主義的な「市場経済」とは矛盾すると一般的には考えられるであろう。ところが、南巡講和で鄧小平は「社会主義とは生産力を解放し、国力を増強、国民生活を向上させること」と、かつて誰も聞いたことのない定義をぶち上げた。

「社会主義」の定義をねじ曲げるという「権道」によって鄧小平は2つの概念の矛盾を解消し、結果的に今日の中国の発展をもたらした。

窃盗、公文書偽造、殺人でも是認された「権」

「手段が常道に反して結果が道に合う」を最も的確に表している事例が戦国時代、魏の信陵君（魏の公子、無忌）が趙の危機を救った行為であろう。

戦国時代、列強の六国は互いに攻防を繰り返していたが、紀元前258年、秦軍が趙の都、邯鄲を包囲した。趙は魏に救援を請願したが、魏王は秦を恐れて、体裁上、軍を出したものの、将軍・晋鄙に途中で進軍をストップするように命じた。趙の平原君は信陵君の姉を娶(めと)っていた。平原君は、魏王が救援する意志がないのを見ると、姉を通じて、「(信陵君は)義を知らないやつだ」と責めた。いくら説得しても、魏王が動かないので、困りはてた信陵君は智者の侯生(こうせい)に解決の方法を尋ねた。侯生は、魏王の寝室から指揮権の軍札を盗み取り、晋鄙に代わって魏軍の指揮権を握って、趙の救援に向かえ、とアドバイスした。そこで、信陵君は魏王の愛妃(如姫(じょき))を使って秘かに軍札を手に入れ、侯生に暇乞(いとま)いに伺った。

資治通鑑　巻5・周紀5・AD258年(中華書局・P180)

さて、信陵君(公子無忌)が出発しようとすると、侯生が言った。「将軍(晋鄙)が出陣している時には、王命に従わない場合もあります。それで、もし晋鄙が指揮権の軍札を見ても、指揮権を譲らず、王に再度確認しようとすれば、軍札を盗んだことがばれてしまいます。私の家来に朱亥(しゅがい)という大力の持ち主がいるので、一緒に連れて行くといいでしょう。もし、晋鄙がすんなり従うならそれにこしたことはありませんが、もし従わないのなら朱亥に殺させなさい!」。信陵君は侯生の計略通り、朱亥を連れて行くことにした。さて、

鄴（ぎょう）に着いて、晋鄙に軍札を見せたが、案の定、晋鄙はこれはおかしいと思い、信陵君に「わしは王命を受け10万もの大軍を率いてここに駐屯しているのに、貴公が今単身ここに乗り込んできて指揮権を譲れとは合点がいかない」と言いだすやいなや、信陵君の傍（そば）に控えていた朱亥が袖から重さ10キロの鉄の金槌を取り出すと一撃で晋鄙を打ち殺した。

公子行、侯生曰：「将在外、君令有所不受。有如晋鄙合符而不授兵、復請之、則事危矣。臣客朱亥、其人力士、可与倶。晋鄙若聴、大善；不聴、可使撃之！」於是公子請朱亥与倶。至鄴、晋鄙合符、疑之、挙手視公子曰：「吾擁十万之衆屯於境上、今単車来代之、何如哉？」朱亥袖四十斤鉄椎、椎殺晋鄙。

このようにして、信陵君は王の命令もないまま、晋鄙に代わって勝手に魏軍を動かし、趙の救援に赴いた。時を同じくして、楚からの救援軍も駆けつけたので、秦軍は邯鄲の囲みを解いて帰っていった。

信陵君の行為を現行法で判断すると「窃盗、公文書偽造、殺人、公務執行妨害」等、数々の罪状が挙がるであろう。しかし、信陵君の行為を「権」という立場から見ると、隣国の危機を救った行為は、これらの罪状すべてを帳消しにするほどの功績だと評価される。つまり、違法行為の「結果が道に合う」のだ。

内通の手紙を読まずに焼いた光武帝(こうぶてい)

我々は、過去の人々の行動を、今の法律や政治体制の目線で評価しがちである。これは暗黙の内に、政治も科学技術同様、年代とともに進歩すると考え、過去の政治体制より、現在の方が優れていると錯覚しているからである。しかし、政治というのは、別に過去に遡(さかのぼ)らずとも、現在の世界でも各民族や地域ごとに適した形態があり、必ずしも先進諸国が採用しているデモクラシーが最適だとはいえない。同じことが法の適用に関してもいえる。現在の日本の刑法では、証拠隠滅罪（104条）という罪状がある。

「他人の刑事事件に関する証拠を隠滅し、偽造し、若しくは変造し、又は偽造若しくは変造の証拠を使用した者は、2年以下の懲役又は20万円以下の罰金に処する」

つまり、犯罪者に関係する書類を官憲に無断で隠滅してはいけないというのだ。ところが、現在の日本の刑法に違反する行為が、むしろ人としての正しい行い（義）とみなされたことがあった。そのような例を、後漢の光武帝・劉秀の行動に見ることができる。

劉秀は、最初から連戦連勝だったわけではなかった。ある時などは、姉を見殺しにして逃げたこともあった。

資治通鑑　巻38・漢紀30・AD22年（中華書局・P1236）

劉秀の兄、劉縯が宛を攻めて、小長安聚に着いた。敵の甄阜や梁丘賜と戦闘となった。漢の軍隊が敗れ、濃霧の中、劉秀が1人で馬に乗って逃げた。途中で妹の劉伯姫を見つけたので拾い上げ、一緒に馬に乗り逃げた。暫く行くと、姉の劉元に出会った。馬に乗るように促したが、劉元は手を振って「早く行け。私たちはもう助からない。ぼやぼやしていると、お前たちも殺されるぞ！」。敵の兵が追ってきて、劉元と3人の娘は殺されてしまった。

劉縯欲進攻宛、至小長安聚、与甄阜、梁丘賜戦；時天密霧、漢軍大敗。秀単馬走、遇女弟伯姫、与共騎而奔；前行、復見姉元、趣令上馬、元以手揮曰：「行矣、不能相救、無為両没也！」会追兵至、元及三女皆死。

劉秀に限らず中国の史書に出てくる将軍で、1度や2度の敗戦で責任をとって自殺するなどという人はほとんど見かけない。いくら大敗北してもとことん逃げて、また体制を立て直して挑戦している、いわゆる「捲土重来（けんどちょうらい）」を目指すのだ。

この時の敗戦では、劉秀は姉の親子だけでなく、兄の劉仲（ちゅう）の家族もみな殺された。別の時は、王郎（おうろう）の軍に追いかけられて惨めな逃走をしたが、ついに、逆に王郎を本拠地、邯鄲城に追い詰め、取り囲んだ。王郎は闇夜の中、城から逃亡しようと企てたが、王霸（は）に追いつかれ斬られてしまった。王郎の本拠地に入った劉秀は、部下の武将たちが王郎に出した手紙を多数発見した。

劉秀は邯鄲に入城し、残された文書の中に、王郎と心を通じていた自軍の将軍たちの手紙があるのを見つけた。しかし、劉秀は、それを一切読まず、将軍たちを集め、その目の前ですべての文書を焼いて軍中に告げた。「内通した者たちよ、安心せよ！」。

資治通鑑　巻39・漢紀31・ＡＤ24年（中華書局・Ｐ１２６６）

秀収郎文書、得吏民与郎交関謗毀者数千章；秀不省、会諸将軍焼之、曰：「令反側子自安！」

この劉秀の行いは日本の現行刑法では「証拠隠滅罪」に該当しよう。しかし、手紙を読んで二股をかけた者たちを見つけて処罰すれば、多くの有能な部下を失う結果になることを劉秀は知っていた。まだまだ倒すべき強敵が残っている時に、忠義心に多少の問題があったとしても、能力のある部下を失うわけにはいかないと劉秀は判断したのだ。劉秀のリーダーとしての器量の大きさもあるが、それにもまして中国人の裏取引に対する伝統的な是認態度が、劉秀のこの行為に反映されていたと考えるべきであろう。

裏取引といえば、現代史では１９８９年の天安門事件以降、アメリカから厳しい対中制裁を受けていた中国とアメリカの秘密交渉が思い浮かぶ。交渉の眼目は、民主化の闘士で、北京のアメリカ大使館に逃げ込んだ国際的な物理学者の方励之（ほうれいし）夫妻を出国させる代わりに、アメリカの対中制裁を解除するというものだった。天安門事件直後にブッシュ大統領（パパブッシュ）の意向を受けたスコウクロフト大統領特使が鄧小平と秘密裏に会談したという。翌年になって方励之夫妻は「病気治療」の名目でイギリスへの出国が認められ、その後、対中制裁も解除された。

やはり手紙を焼いた曹操、郭威（かくい）

手紙を焼いたのは、何も劉秀だけでなく、他にもいた。『三国志』の英雄、魏の曹操もその一人だ。

劉秀も曹操も、どちらも甲乙つけがたい一世の英雄であり、手紙を焼く行為でも軌を一にする。しかも中国の歴史には、同じような行いをした英雄が、数百年後にもう1人現れた。

郭威は後に、後周の初代皇帝となるが、はじめは劉知遠（ちえん）の下で後漢の建国に貢献した。

同じく劉知遠の配下に李守貞（しゅてい）という将軍がいたが、部下が自分から離れて郭威に鞍替えしたのを知り、顔色を変えて怒った。そして、とうとう2人は対立することになった。李守貞が籠城し、郭威が兵糧攻めでじりじりと締め上げた。1年近くの籠城の末、兵糧が尽きた李守貞は、妻子もろとも火の中に飛び込み自殺して果てた。

李守貞の城を捜索した郭威は数多くの書簡を見つけた。そこには、部下の大臣や高官が二股をかけて、秘かに李守貞に送った書簡も含まれていたが、郭威はそれらを全部燃やし、部下たちを咎めなかった。

敵と内通した者をそのまま部下として使うというやり方を見るにつけても、律儀さや、誠実さを極めて高く評価する日本の評価基準は、どうも中国人にはなじまないのではないかと感じる。

権謀に長けた北魏の馮（ふう）太后

中国の女帝といえば、唐の武則天（ぶそくてん）（則天武后）を思い浮かべるが、北魏（AD386―534年）の馮太后も凄腕の女帝であった。史書には、馮太后は「権数（けんすう）（権謀）多し」と評されている。その様子を、資治通鑑は次のように伝える。

馮太后は生まれつき聡察で、書物も読め、計算もでき、政治のツボも心得ていた。服装や食事は質素で、料理の皿数を従来の7割から8割方減らした。しかし、本質的には疑い深く、残忍なところがあり、策を巡らすことが多かった。

資治通鑑　巻134・宋紀16・AD476年（中華書局・P4188）

太后性聡察、知書計、暁政事、被服倹素、膳羞減於故事什七八；而猜忍多権数。

馮太后は質素を旨としたと誉められてはいるが、同時に、陰険な策略家であったともいう。馮太后の「権数多し」の例としては、丞相で実力者の乙渾を手際よく暗殺した（太后密定大策、誅渾）ことや、献文帝（顕祖・馮太后の義子）が自分の愛人の李奕を殺したことを根にもって毒殺してしまった（太后不得意、遂害帝）ことが挙げられる。その一方で、馮太后はキップの良い、磊落な人でもあったようだ。

北史　巻13（中華書局・P496）

ある時、馮太后は体調が悪く、菴閭子（ハイイロヨモギの果実）を服用した。料理人がぼやっとしていて、ヤモリが粥の椀の中に入っていたのに気付かなかった。馮太后がスプーンですくって見つけた。孝文帝（高祖・献文帝の子）がその時、傍にいて激怒し、極刑を加えようとした。しかし馮太后はただ笑って料理人をゆるしてやった。

太后嘗以体不安、服菴閭子。宰人昏而進粥、有蝘蜓在焉、后挙匕得之。帝時侍側、大怒、将加極罰、太后笑而釈之。

豪傑といわれた馮太后は、また性的にも豪快であった。20代前半で、夫の文成帝（高宗）と死別してからは、孤閨を守らず、数多くの愛人を囲った。それも、こそこそと密会するのではなく、堂々と寝室に引き入れた。愛人たちには金銀財宝を山のように与えた上に、身分も王侯貴族に引き上げた。『北史』はその様子を次のように伝える。

北史　巻13（中華書局・P496）

馮太后は、杞道徳、王遇、張祐、苻承祖などを卑賤の身分から引き上げて1年もたたない内に、王侯の位を授けた。王叡などは堂々と馮太后の寝室まで入っていった。数年の内に彼もまた宰相の位に至った。賞賜（プレゼント）は億万にも上る。罪を犯しても死罪は免れるという文を金で書いた「鉄券」を与えた。李沖は大きな仕事を任された上に馮太后の寵愛を受け、秘かに数えきれないほどの賞賜を受け取った。

杞道徳、王遇、張祐、苻承祖等抜自微闇、歳中而至王公。王叡出入臥内、数年便為宰輔、賞賚千万億計、金書鉄券、許以不死之詔。李沖以器能受任、亦由見寵幃幄、密加錫賚、不可勝数。

太后の乱行と、極端な依怙贔屓が横行していたのであるから、普通であれば政治が乱れて各地で民衆の反乱が起き、遂には王朝が滅亡する、というお決まりのパターンに陥ってしまうはずなのだが、馮太后の治世は北魏の絶頂期といわれた。何故だろうか？　それは馮太后の厳格な処置が、臣下に勝手な振る舞いを許さなかったからである。

資治通鑑　巻134・宋紀16・AD476年（中華書局・P4189）

馮太后は後ろめたい行いをしていると自覚していたので、自分を批判する者が現れることを恐れていた。臣下が少しでも批判めいたことを言ったと聞いたなら、たちどころに処刑した。また、愛人やかわいがっている者でも、些細（ささい）な法律違反などがあった場合には、必ず鞭打ちの刑を加えた。ある者は鞭打ち100回の刑を受けた。しかし、処罰の後は、けろっと水に流し、以前と変わることなく遇した。中には、処罰に耐えたことを誉められて富貴が増す人もいたほどだ。こういった訳で、罰を受けた者も馮太后に決して刃向かうことはなかった。

太后自以失行、畏人議己、群下語言小渉疑忌、輒殺之。然所寵幸左右、苟有小過、必加笞箠、或至百余；而無宿憾、尋復待之如初、或因此更富貴。故左右雖被罰、終無離心。

馮太后に「権数多し」というのは、こういった巧みな人心掌握術のことを指す、と胡三省は評す。馮太后は愛情を注いでいる部下も、公平にその善悪を評価し、罰を与えることにいささかの躊躇もなかった。罰を与えたとしても、能力がある者には能力を十分に活かしきるだけの待遇を与えた。理性が愛情によって曇らされることはなかった。これが馮太后が英傑といわれた所以であろう。

味方や親兄弟のような肉親といえども、いつ自分に刃向かってくるかもしれぬ状況にあっては、権謀術数や詐術を使うことをためらっていられない。陰険で腹の底で何を考えているか分からないリーダーには、普通なら人はついていかないものだ。しかし、武則天にしろ、馮太后にしろ、人の心の機微を的確に察知する能力があったように私には感じられる。当時の、そして現代の倫理観から見ても非難されるような行いがあったとしても、多くの臣下を見事に操ったやり方から、現在のグローバル世界でのリーダーとして身につけておくべき人心掌握術を学べるのではないだろうか。

第3章
ウルトラ善人から極悪人まで

君子然としていては生きられない

現代人が読む概説的な歴史書と異なり、資治通鑑のような本物の史書では、人間の生き方の善悪双方のパターンが網羅されている。前章にも記したように、中国人はとんでもない極悪人から、ウルトラ善人まで、善悪のレンジが極めて広い。

中国のように歴史上とんでもない極悪人がうろついている社会では、日本人のように君子然としていては生きてはいけない道理である。中国社会においては善人といえども、巨悪と血みどろの戦いをしなければ生きる場所を確保できない。一例として、毛沢東の文化大革命の犠牲となった劉少奇(りゅうしょうき)の晩年を想起されたい。

劉少奇は毛沢東と同じく、早くから中国共産党に入党し、毛沢東の盟友ともいうべき存在で、建国後は毛沢東に次ぐ地位を占めた。毛沢東は1958年から大躍進政策を指揮したが、農村の荒廃と収穫不足などの結果、推計数千万人という餓死者を出すに至った。劉少奇は大躍進政策や農村の人民公社化など毛沢東の政策を批判し、毛沢東が主席を降りたあと、国家主席となって鄧小平(とうしょうへい)とともに国家の経済的な立て直しを進めた。

毛沢東は劉少奇の成功に嫉妬し、劉少奇を打倒する目的で1966年に文化大革命を引き起こした。毛沢東に煽られた紅衛兵（こうえいへい）によって劉少奇は批判集会に引きずり出され、何度となく、拷問にも等しき無理な姿勢で数時間も罵倒され続けた。その後は、1969年に死ぬまで監禁されたが、病状が重くなってもまともな治療を受けられなかった。最後は体力が尽きて動けなくなり、ベッドは汚物まみれになったが介護する者が誰もいなかった。これが毛沢東の愚行を批判した劉少奇の哀れな末路であった。

我々日本人はほとんどの場合、中国人の善悪のレンジの広さを、身をもって体験する機会はないが、それを生々しいまでのリアル感をもってバーチャル体験させてくれるのが資治通鑑の文章である。そこから、自分の生き方のロールモデルを随意に選ぶことができる。まずは気骨溢れる人を紹介しよう。

護民官と諫議大夫（かんぎたいふ）

近代市民社会では言論の自由が非常に重んじられている。しかし、これは何も近代になって突如として現れたものではなく、古く、ギリシャ・ローマ時代にすでに確立していた概念である。ヨーロッパにおける言論の自由を文字通り体現した、共和制時代のローマ護民官制度を見てみよう。

共和制ローマの政治の最高責任者は、臨時の役職である独裁官（ディクタートル、dictator）を別にすると執政官（コーンスル、consul）である。執政官は毎年の選挙で選任されるとはいえ、国家の最高権力者であることには変わりない。しかし、その最高権力者の執政官の決定に異を唱えることができる人がいるのだ。それは護民官（トリブーヌス、tribunus）といい、平民階級の出身でありながら、貴族階級の執政官に対して「あなたは間違っている」と公言しても罰せられなかった。これを拒否権という。英語ではvetoといい、今も大統領が議会の議決を否定する時などに使われる単語である。元のラテン語ではintercessioというが、語源を探ると、inter（間に）+cedere（入り込む）となり、文句を言いながらどかどかと割り込んでやってくる、という光景を髣髴（ほうふつ）とさせる。

護民官制度で感心するのは、権力を牽制する役割が存在する方が政治はうまくいく、と考えたローマ人の知恵だ。もっとも、ローマの歴史を読むと護民官制度は必ずしも良い面ばかりではなかったようだ。つまり、拒否権と身体保護の権利があることを盾にとり、人気とりなどの理由でわざと異を唱える護民官も中にはいたようだ。

驚かれるかもしれないが、中国にも類似の制度があった。それは諫議大夫といい、漢から元まで続いた。天子に対して、政治の悪い点を直言する役目を担った。理念上はローマ同様「何を言っても罰せられないから申し述べてみよ」と発言の自由が保障されていたはずだが、残念ながら、その発言が祟って、ちょっとしたミスを政敵から付け込まれて僻地へ追いやられたり、極刑に遭う人までいた。

このように、いくら設立の趣旨が良い制度であっても、悪用する気になりさえすれば、いくらでも悪用できる。しかしだからといって、制度そのものの完成度を高める努力を怠ってはいけないことは明らかであろう。ローマの護民官制度の精神は形を変えて、今日では議会での議員の発言の自由を保障する点に見ることができる。

諫議大夫に限らず中国の士大夫（官僚や知識人）の中には、随分と骨のある者、命を顧みず諫言や直言する者、などが数多くいた。

朱雲の折檻

その中でも一番有名なのが「折檻」の故事で有名な朱雲の話であろう。時は前漢、成帝の宮廷でのお話。張禹という若手の宰相が勝手なことをしたために世の中が乱れた、と考えた朱雲は思いきった行動に出た。

前の槐里の村長であった朱雲が上書して成帝へ謁見を求めた。公卿が居並ぶ中、朱雲が訴えた。「今の朝廷の大臣で、君主の間違いを正すことも、庶民の暮らしを向上させることもできないにも拘らず、禄を貪っている輩がいます。孔子はこのような輩について『ゲスな連中と一緒に君主に仕えることはできない。職を失いそうになると、何をしでかすか分からんからな』と言いました。できれば、馬をも斬ることのできる大刀を頂いて、不届き千万な輩を1人成敗しとうございます！」「そいつとは誰だ？」との成帝の問いに、朱雲は帝の隣に座っている張禹をぐっとにらみつけ「そこにいる安昌侯の張禹だ！」と言

資治通鑑　巻32・漢紀24・BC12年（中華書局・P1033）

った。帝は、かんかんに怒って「お前は下っ端の小役人のくせに上官を非難し、その上、我が師を侮辱するとは、赦(ゆる)しておけん。死刑にせよ！」と命令した。周りの者が朱雲を殿上からひきずり下ろそうとしたが、朱雲は廊下の檻(てすり)にしがみついたので、ついに檻は折れ朱雲は地面に落ちた。それでも「私は、殺されてあの世で忠臣で名高い竜逢(りゅうほう)や比干(ひかん)に巡り会えるので、恐くなどない！　しかし、このまま漢王朝がダメになっていくのは悲しい！」と叫び続けたが、とうとう連れ去られてしまった。

　さて、一連の経緯を見ていた左将軍の辛慶忌(しんけいき)は冠をぬぎ、大臣の紋章である印綬を外し、叩頭して（頭を地に打ちつけ）嘆願した。「朱雲はもとから、世の不正に対し過激な発言を繰り返していました。もし、あやつのいうことが正しいなら、誅罰するべきではありませんし、逆に、たとえ間違っていたとしても、どうぞご寛容のほどを。私は死刑覚悟で訴える次第です！」。辛慶忌は何度も叩頭して顔面血だらけにして朱雲を弁護した。この様子を見て、成帝も朱雲を赦す気になった。後日、折れた檻を修理する段になって、成帝は「新しく作りかえず、折れた部材を集めて修理せよ。直言する臣下の誠意を顕彰したいから」と言った。

故槐里令朱雲上書求見、公卿在前、雲曰：「今朝廷大臣、上不能匡主、下無以益民、皆尸位素餐、孔子所謂『鄙夫不可与事君、苟患失之、亡所不至』者也！臣願賜尚方斬馬剣、断佞臣一人頭以厲其余！」上問：「誰也？」対曰：「安昌侯張禹！」上大怒曰：「小臣居下訕上、廷辱師傅、罪死不赦！」御史将雲下；雲攀殿檻、檻折。雲呼曰：「臣得下従竜逢、比干遊於地下、足矣！未知聖朝何如耳！」御史遂将雲去。於是左将軍辛慶忌免冠、解印綬、叩頭殿下曰：「此臣素著狂直於世、使其言是、不可誅；其言非、固当容之。臣敢以死争！」慶忌叩頭流血；上意解、然後得已。及後当治檻、上曰：「勿易、因而輯之、以旌直臣！」

史書には、この朱雲のように、一歩間違えば殺されるような諫言をあえて行う、気骨ある人がしばしば登場する。

始皇帝の親不孝を諫めた茅焦（ぼうしょう）

中国の戦国時代（BC403―BC221年）は確かに戦乱のうち続く世の中ではあったが、思想的には百花繚乱で、さまざまな人が知恵と弁舌を競い合った時代でもあった。それらの話を、フィクションも含めまとめたのが、『説苑（ぜいえん）』である。従って記述内容は必ずしも史実とは限らないものの、それでも当時の人々の考え方を知る好書である。その『説苑』（巻9・正諫）に、やや戯画的ではあるが、秦の始皇帝の親不孝に諫言を呈した茅焦の話が載せられている。

始皇帝の母后が愛人・嫪毐（ろうあい）を囲った。子どもが2人も生まれたので嫪毐が国政を我が物顔に取り仕切り、とうとう始皇帝を殺して、自分が帝位に就こうとの野望をもち、反乱を起こした。始皇帝はすぐさま嫪毐を捕え、八つ裂き（車裂き）の刑に処し、母后を閉じ込めた。この親不孝の行いを非として諫言した者が27人いたが、いずれも即刻首を刎（は）ねられた。

この状況を見ていた茅焦は、いよいよ自分の出番が来たと考え、宮廷に赴き、皇帝に上申することがあると名乗り出た。この大胆な申し出を聞いた始皇帝は、不届きなやつめ、と怒り、今にも首を刎ねようと待ち構えていた。茅焦は皇帝の面前でも慌てる様子もなく悠然と歩み（茅焦不肯疾行、足趣相過耳）、丁寧に礼（再拝）をした。おもむろに口を開き「陛下に狂悖（きょうはい）の行いあり」（陛下はとんでもないことをしている）と始皇帝を責めた。この言葉に始皇帝は度胆を抜かれたが、その理由を聞いて、冷静さを取り戻し、親不孝を反省した。そして茅焦の話が終わると、ただちに馬車を仕立てて母后を迎えにいき、自分の過ちを正してくれたことに感謝して、茅焦を上卿に任じた。茅焦は命拾いするどころか、大いに出世したのだった。

死を賭して諫めるというのは、極めてハイリスク・ハイリターンな策だが、考えてみれば、諫言する側は、事前に相手が素直に受け入れるだけの度量があるかどうかを見極めているに違いない。相手の度量を見きった上で、どのような言辞や態度をとれば良いのかを熟考した上で、諫言に踏みきっているはずだ。だが、なにしろ相手は癇気の強い君主のこと、その時々の気分によってどのような反応を示すのか、予測がつかない。

毛沢東の「大躍進政策」の失敗で多くの餓死者が出た時、腹心だった彭徳懐（ほうとくかい）は、政策の見直しを提言した。この提言自体は穏当な内容で、基本的には大躍進政策が正しく、毛沢東の指導も支持した上で、見直しを求めたものだった。しかし、絶対的独裁者になっていた毛沢東は、自分の方針に異議を唱えられたことに腹を立て、彭徳懐を失脚させた。彭徳懐は朝鮮戦争で中国が北朝鮮支援のために参戦した時の総司令官を務めるなど、数々の軍功を立てた。その彭徳懐ですら失脚するのを目の当たりにした他の幹部たちは沈黙するか、毛沢東を支持することで自らの生き残りを図ったのであった。

君主への諫言とは文字通り、命懸けの賭けであるのだ。

趙普（ちょうふ）の沈着な諫言

朱雲や茅焦のようにファイト溢れる諫め方もあれば、冷静そのものの諫め方もある。その一例を紹介しよう。

『宋名臣言行録（そうめいしんげんこうろく）』という本がある。北宋時代は気骨溢れる文人政治家を多数輩出したが、その人たちの嘉言（かげん）善行が記録されている。その一節に趙普の沈着な話が載っている（なお、この話は資治通鑑の形式に倣って、宋から元末までの歴史をまとめた『続資治通鑑』にも載せられている）。

続資治通鑑　巻7・宋紀7・AD973年（中華書局・P173）

趙普は、ある日、某という人をある役職に就けたいと思い、太祖（趙匡胤）に推薦する書類を提出したが、太祖は却下した。翌日、また同じ書類を提出した。それも却下。また翌日、再度同じ書類を出したが、太祖は大いに怒って、その書類を手にとるやびりびりと破って捨てた。趙普は顔色を変えずに、破れた紙を拾い集めて帰った。そして糊で貼り合わせて、翌日また同じものを提出した。ここに至って、太祖はようやく自分の非を悟り、その人物を採用した。後日、その人の実績を見るにつけ、趙普の人を見る目の正しさに感服したという。

嘗欲除某人為某官、帝不用；明日、復奏之、又不用；明日、更奏之。帝怒、裂其奏投諸地、普顔色自若、徐拾奏帰、補綴、復奏如初。帝悟、卒可其奏、後果以称職聞。

帝王の威厳を恐れることなく、主張を貫き通した趙普も偉いが、冷静に自分の非を悟って、趙普の推薦する人物を採用した趙匡胤（宋の太祖）も立派だ。

趙匡胤の度量の大きいことを示すエピソードを資治通鑑から紹介しよう。

後周の太祖（郭威）が翰林学士の竇儀を滁州の蔵の管理人に任命した。趙匡胤（宋の太祖）は手下を派遣して蔵の中の絹布をこっそり運び出させようとした。竇儀がそれを咎めてこう言った。「閣下が城を攻め落とした時であれば、蔵のものを全部とり出そうと何ら文句はありませんが、国家の収納物となった今となっては、詔書がなければとり出せません」。趙匡胤はこれを聞いて、竇儀を重んじるようになった。

資治通鑑　巻292・後周紀3・AD956年（中華書局・P9538）

上遣翰林学士竇儀籍滁州帑蔵、太祖皇帝遣親吏取蔵中絹。儀曰：「公初克城時、雖傾蔵取之、無傷也。今既籍為官物、非有詔書、不可得也。」太祖皇帝由是重儀。

胡三省はこの部分に注をつけ、「趙匡胤の度量は並の将軍を遥かに超えていた」（太祖之識度、豈一時将帥所能及哉）と称賛した。宋の文人政治は、熾烈で醜い党派抗争が長く続いたので、必ずしも手放しで誉めるわけにはいかないが、宋は、中国史上、珍しく３００年にもわたり士大夫が理由もなく殺されなかった唯一の王朝であった。この宋の基礎を築いたのが趙匡胤である。後世、貧民上がりの朱元璋が建てた明では無実の士大夫が次から次へと無惨に殺されたが、それと比較すると宋を建国した趙匡胤の偉大さがよく分かる。

隋の文帝に「人命は尊い」と抗議した屈突通

隋といえば、２代皇帝の煬帝が有名だが、初代の文帝は器の大きな皇帝であった。ただ、傑物ではあったものの怒りっぽいという欠点があった。楊素は文帝のこの性格を熟知し、自分の個人的な怨みを晴らすために文帝の短気を悪用した。

資治通鑑　巻１７８・隋紀２・ＡＤ５９７年（中華書局・Ｐ５５６）

文帝は暫く前から喜怒の感情の起伏が激しくなっていた。法律に頼らず、もっぱら楊素を信用していた。楊素は自分勝手に依怙贔屓人事を行っていた。楊素は以前から鴻臚少

卿の陳延と仲が悪かった。陳延の管轄である蕃客館（外交使節の宿舎）を見回りに行った際に、庭に馬の糞や小便の跡を見つけた。さらに役所の下僕たちが絨毯を敷いて賭け事（樗蒲）をしていたのを見つけた。早速、文帝に告げ口したので、文帝は激怒し、客館の責任者の主客令と賭け事をしていた者、全員を杖で打ち殺した。陳延も鞭打たれてほとんど死にそうになった。

帝既喜怒不恒、不復依準科律。信任楊素；素復任情不平、与鴻臚少卿陳延有隙、嘗経蕃客館、庭中有馬屎、又衆僕於氈上樗蒲、以白帝。帝大怒、主客令及樗蒲者皆杖殺之、箠陳延幾死。

賭け事のような微罪でも死刑に処す文帝を恐れて、誰もが口をつぐんだ。ある時、宮廷の牧場の馬が大幅に減っているのを知った文帝は、担当の役人たち１０００人以上を処刑しようとした。誰もが理不尽で可哀想だ、とは思ったものの、命惜しさに抗議できなかった。その中でただ一人「人命は至って尊い」と叫び、文帝の判決に異議を唱えたのが屈突通であった。

資治通鑑　巻178・隋紀2・AD597年（中華書局・P5556）

文帝が、長安出身で親衛大都督の屈突通を隴西（ろうせい）に派遣し、牧畜の状態を検査させた。屈突通は秘かに隠されていた馬2万匹を見つけて報告した。文帝は激怒し、事務責任者太僕卿（たいぼくけい）の慕容悉達（ぼようしつたつ）と現場管理者、合わせて1500人を処刑しようとした。屈突通が諫めて言った。「人命は至って尊いものです。陛下はどうして馬ごときで千数百人を殺そうとするのですか！　私は死をもって抗議します！」。すると文帝はまなじりをつり上げて怒った。屈突通は頓首（とんしゅ）（拝礼）して言った。「私はたとえ肢体をバラバラにされても、この千数百人の命を救ってくれるようお願い申し上げます」。文帝はその言葉に感激して言った。「わしは今の今まで分からなかった、喜んで貴卿の忠言に従おう」。それで、慕容悉達たちはようやく死刑を免れた。それだけでなく、屈突通を左武候将軍に抜擢した。

帝遣親衛大都督長安屈突通往隴西検覆群牧、得隠匿馬二万余匹、帝大怒、将斬太僕卿慕容

悉達及諸監官千五百人。通諫曰：「人命至重、陛下柰何以畜産之故殺千有余人！臣敢以死請！」帝瞋目叱之、通又頓首曰：「臣一身分死、就陛下匄千余人命。」帝感寤、曰：「朕之不明、以至於此！頼有卿忠言耳。」於是悉達等皆減死論、擢通為左武候将軍。

屈突通が命を張って文帝に抗議したおかげで、1000人以上の命が助かった。硬骨漢といってよいだろう。ところで、「人命至重」の語句は『漢書』（巻78）が初出であり、資治通鑑には4回見える。残念ながら、本書に引用している資治通鑑のいろいろな文章からでも明らかなように「人命が何よりも尊い」という句は中国では空文（くうぶん）といってもいいほど、人命は至って軽かった。

極悪な所行もまた「伝統文化」

中国を理解する一つのポイントは、経典（『書経』や『論語』などの四書五経）などに書かれていることはたいていは文字面（もじづら）だけの話だと割りきることだ。文面は立派でも、実際にはほとんど実行されていなかったことを実例を通して知ると、中国の本質が見えてくる。

例えば、儒教の経典の一つ、『書経』（大禹謨）に「其の不辜を殺さんよりは、寧ろ不経に失せよ」（与其殺不辜。寧失不経）という言葉がある。現在の法律でいう「疑わしきは罰せず」の思想だ。『書経』は五経の一つであるから、当然、中国の文化人は全文を諳んじていたし、一般人にも内容はある程度は知られていたと考えられる。しかし、現実には『書経』の文句とは全く逆の行為がずっと行われ続けた。

一つの例を挙げてみよう。古来、膨大な人口を抱えている中国の戦争では、戦闘員が多いだけでなく、被害に遭う人数も他国とは桁違いに多い。日本の武士同士の戦争でいえば、関ヶ原の戦いでは東軍、西軍それぞれがだいたい８万人程度であったといわれる。それに対して、中国では、紀元前２６０年に趙の趙括と秦の白起との間で戦われた長平の戦いでは、実に40万人もの趙兵が捕虜となった。『史記』の記述（『白起王翦列伝』）によると、少年兵の２４０人を除き捕虜全員が生き埋めにされたという。40万人もの人間をどのように生き埋めしたのだろうか？　とてもありえない事態のようだが、多少の誇張はあったにしても、投降した罪なき大量の兵士を無慈悲に殺すのが中国の現実であったということを我々は知っておく必要がある。

このような歴史的事実は、儒教の経典に書かれている美辞麗句「仁徳溢れた政治」がいかに空々しいことかを思い知らせてくれる。これらの例を通して、現代中国に見られる「人権無視」「残虐性」が過去数千年にわたって中国社会に通底していた「伝統文化」であったことが理解できるであろう。

20万人の無差別大虐殺

五胡十六国時代、後趙の石虎が崩御した後、後継者争いで内紛が発生した。石虎の養子となった石閔（冉閔ともいう）が石鑑を傀儡皇帝に立てて実権を握った。石鑑は石閔から殺されることを恐れ、石閔を殺そうと、部下の孫伏都や、劉銖に命令を下した。しかし、孫伏都や劉銖が敗れそうになると逆に石閔に孫伏都や劉銖を討つように命じた。

資治通鑑　巻98・晋紀20・ＡＤ３４９年（中華書局・Ｐ３０９９）

石閔が城中に命令を下した。「最近、孫伏都や劉銖が反乱を起こしたので全員を誅殺した。今日からはわしに従う者は残れ。そうでない者はどこなりと行くがいい」。城門の門番に

も人の通行を妨げるなと命令した。このことを知った地元の民（趙人）で50キロ圏内に住む人は皆、城の中に引っ越しをしてきた。一方、遊牧民の胡族と羯族は城から出て行こうとする者が城門の近くに集結した。石閔は胡族など役に立たないと悟り、次のような文を公布した。「趙人で、胡首を1つわしの所（鳳陽門）に届けた者は、文官なら官位を三等昇進させ、武官なら誰でも親衛隊に加える」。その日の内に、数万人もの首が斬られた。石閔自らも兵士を率いて、胡族と羯族を男女、貴賤、年齢など関係なく無差別に斬り殺した。合計で20数万人が殺されたが、死体はすべて城外へ放り出され、野犬や狼の餌食となった。それだけでなく、近隣に駐屯する軍隊で、大将が漢族の趙人であるところには、書簡を送り、胡族と羯族を皆殺しするように命じた。中には、たまたま鼻が高いために、胡族や羯族と間違われて殺された者も数多くいた。

（石閔）下令城中曰：「近日孫、劉構逆、支党伏誅、良善一無預也。今日已後、与官同心者留、不同者各任所之。敕城門不復相禁。」於是趙人百里内悉入城、胡、羯去者填門。閔知胡之不為己用、班令内外：「趙人斬一胡首送鳳陽門者、文官進位三等、武官悉拝牙門。」一

日之中、斬首数万。閔親帥趙人以誅胡、羯、無貴賤、男女、少長皆斬之、死者二十余万、尸諸城外、悉為野犬豺狼所食。其屯戍四方者、閔皆以書命趙人為将帥者誅之、或高鼻多須濫死者半。

閉じられた城内で、手当たり次第に人の首を刎ねていくさまは、阿鼻叫喚（あびきょうかん）、血しぶきが舞う、さながら地獄そのものであったであろう。一日に数万人もの命が奪われ、総計で20万人も殺されるという、白昼堂々の大量殺人劇が延々と繰り広げられたのだ。

1人が死ぬと大勢が巻き添えに

中国の歴史上唯一の女帝である、武則天（ぶそくてん）は毀誉褒貶（きよほうへん）の激しい君主だが、判断力に優れ、多数の名臣を使いこなした、なかなかの名君であったと私には思える。ただ、中国の歴代の王朝に決まって見られる権臣の横暴に、時として武則天の目も届かなかったこともあった。その一例が、酷吏の来俊臣（らいしゅんしん）だ。来俊臣の父は博徒で、借金のカタにとった人妻に産ませた子が俊臣であった。俊臣は子どものころから残忍だったが、刑獄を担当するようになってその残忍ぶりがとことん発揮された。その様子を『旧唐書』の文で見てみよう。

旧唐書　巻186上（中華書局・P4838）

来俊臣は尋問をする時、犯罪の軽重に関係なく、鼻に酢を注いだり地下の牢獄に閉じ込めたりした。あるいは、甕の中に閉じ込めて周りを火で炙った。さらに、食べ物を与えないので、囚人は空腹に耐えきれず着ている服まで食べる始末だ。また、大小便した場所に寝させたりと、これ以上ない酷さだった。獄死しない限り、獄からは出られなかった。特赦の知らせがあると、いつも先に獄吏を送って、重罪犯を殺してから特赦を知らせた。……また、首枷に鉄製のヘルメットをくりつけて、囚人の頭にかぶせて地面を転がすので、囚人は瞬く間に悶絶した。収監された囚人には、まず拷問道具を見せて、「こいつを使うぞ」と脅すと、誰もが肝をつぶして、やっていないことでも何でも白状した。武則天は来俊臣が仕事熱心だと誉めて、褒美を与えたので、官吏の誰もが進んで過酷な処置をするようになった。密告者が巷に溢れるようになったので名家の人々は罪に問われることを恐れて、家の中に引っ込んで暮らした。官僚は朝に登庁すると、突然投獄されることもあった。あるいは、親族の誰かが罪に問われると、自分の家族とも連絡がとれなくなってしまうこともあった。それで、毎朝、登庁の前に、家族と「お互い顔を見るのも、今日が最後かもしれない」と言い合って出てきた。

俊臣毎鞫囚、無問軽重、多以醋潅鼻、禁地牢中、或盛之瓮中、以火圜遶炙之、並絶其糧餉、至有抽衣絮以噉之者。又令寝処糞穢、備諸苦毒。自非身死、終不得出。毎有赦令、俊臣必先遣獄卒尽殺重囚、然後宣示。…復有鉄籠頭連其枷者、輪転于地、斯須悶絶矣。囚人無貴賤、必先布枷棒于地、召囚前曰：「此是作具。」見之魂胆飛越、無不自誣矣。則天重其賞以酬之、故吏競勧為酷矣。由是告密之徒、紛然道路、名流僶俛閲日而已。朝士多因入朝、黙遭掩襲、以至于族、与其家無復音息。故毎入朝者、必与其家訣曰：「不知重相見不?」

何日もの間、食事抜きで拷問されると、苦しみから逃れたい一心で誰もが来俊臣のシナリオ通りの自白をしたと想像される。このような来俊臣であるから、劉思礼（しれい）や綦連耀（きれんよう）が謀叛を企てた時、吉頊（きちぎょく）から内通を受けて俄然張りきった。

資治通鑑　巻２０６・唐紀22・ＡＤ６９７年（中華書局・Ｐ６５１３）

明堂尉の吉頊は、謀叛を聞いて早速、合宮尉の来俊臣に知らせ、武則天に報告した。武則天は河内王の武懿宗に取り調べを命じた。武懿宗は劉思礼の罪を許す代わりに、かつて自分に逆らったやつを軒並みひっぱってこいと命じた。そこで、劉思礼は李元素（役職名・鳳閣侍郎同平章事）、孫元亨（夏官侍郎同平章事）、石抱忠（知天官侍郎事）、劉奇、周譒（給事中）、それ以外に王勮の兄の王勔（涇州の刺史＝地方長官）、その弟の王助（監察御史）など、〆て36家の者をしょっぴいてきたが、すべて名士であり、これ以上の酷い投獄はないといえる。この人たちは親族もろとも皆殺しにされた。それだけでなく、これらの人たちと関連したという理由だけで、連座して流罪になった人は１０００人以上もいた。

明堂尉吉頊聞其謀、以告合宮尉来俊臣、使上変告之。太后使河内王武懿宗推之。懿宗令思礼広引朝士、許免其死、凡小忤意皆引之。於是思礼引鳳閣侍郎同平章事李元素、夏官侍郎同平章事孫元亨、知天官侍郎事石抱忠、劉奇、給事中周譒及王勮兄涇州刺史勔、弟監察御史助等、凡三十六家、皆海内名士、窮楚毒以成其獄、壬戌、皆族誅之、親党連坐流竄者千余人。

この時は、36家で合計1000人ほどが犠牲になった訳だが、『旧唐書』（巻186上）によると、来俊臣は少しでも気に入らないとすぐに捕まえて、拷問にかけたので、犠牲者はトータルで1000家あまりにも上ったという（前後坐族千余家）。実に数万人もの人が無実にも拘らず、来俊臣のために人生をめちゃめちゃにされてしまったのであった。

オールマイティのはずの鉄券が無効に

唐の名将・郭子儀は安史の乱を平定するという大功を立てた。その子孫の郭崇韜は李克用と李存勗の父子に仕え、後唐の重鎮と目された。しかし、宦官が大嫌いで、全員を宮中から追い出してやりたい、とふと漏らしたため、宦官たちから目の仇にされた（宜尽去宦官、専用士人…宦官皆切歯）。蜀に進撃したが、留守の間に都の宮廷で謀叛の濡れ衣を着せられ、遂には暗殺されてしまった。そのでっち上げの謀叛の一味と目された朱友謙（別名、李継麟（りん））も直後に暗殺された。後唐初代皇帝・荘宗（そうそう）（李存勗）の命を受けた李紹奇（しょうき）が朱友謙の家族のもとへと向かった。

資治通鑑　巻274・後唐紀3・AD926年（中華書局・P8957）

李紹奇が朱友謙の家に着くと、朱友謙の妻の張氏が家の者、200人ばかりを率いて李紹奇に面会してこう言った。「朱氏の一族が殺されるのは仕方ありませんが、関係のない使用人はむやみに殺さないで頂きとうございます」。そう言って、男女の使用人、100人ばかりを分け、一族の100人だけが処刑されることとなった。張氏は懐から鉄券を取り出して、李紹奇に見せて「これは昨年、皇帝から頂いたものです。私は女ですので文字が読めません。それで一体どういうことが書かれているか分かりません」と言った。李紹奇は、皇帝（荘宗）が白々しくも自ら約束を破ったことを国のために恥じた。

紹奇至其家、友謙妻張氏帥家人二百余口見紹奇曰：「朱氏宗族当死、願無濫及平人。」乃別其婢僕百人、以其族百口就刑。張氏又取鉄券以示紹奇曰：「此皇帝去年所賜也、我婦人、不識書、不知其何等語也。」紹奇亦為之慚。

郭崇韜もそうだが、朱友謙も謀叛の嫌疑不十分のまま、政争に敗れて殺されてしまった。そうなると家族も無事ではいられない。我々日本人の概念と異なり、中国では大勢の親族が一つ家に住んでいる。この場合も実に100人もの人が一緒に暮らしていた。その内の1人が叛逆の罪で殺されると、その余波で何人もの無実の人間が殺されるのが中国の伝統なのだ。血族とは文字通り、生きるも死ぬも一緒の運命共同体である。

ところで、この場面で「張氏が鉄券を見せた」とあるが、鉄券とは、皇帝が発行する免罪符である。つまり、鉄券の所持者はどのような場合でも処刑を免れるという極めつきのオールマイティ・カードなのだ。しかるに、1年前に鉄券を発行した当の本人の荘宗が効力を無視したのだ。朱友謙の家族の死刑執行を命じられた李紹奇は、法をないがしろにするようだと、荘宗も末長くないと悟った。実際、荘宗はこの年に各地の反乱を契機にして、逃亡を余儀なくされたが、流れ矢に当たって死んでしまった（俄而帝為流矢所中…須臾、帝殂）。

宮中に渦巻くどす黒い嫉妬

中国の後宮の妃嬪（ひひん）たちの嫉妬は江戸時代の大奥とは比較にならないくらい、熾烈なものだった。武則天の例を挙げるまでもなく、嫉妬の原因は帝の寵愛を巡るものだけでなく、政治権力と財力にもかかわってくる。ライバルを引きずり落とすために手段を選ばず、相手を陥れる謀略も辞さない。『韓非子（かんぴし）』に載るエゲツナイ謀略を紹介しよう。

韓非子《内儲説・下》

魏王から美女が送られて楚王（そおう）は非常に喜んだ。楚王の妃、鄭袖（ていしゅう）は王が新人の美女をかわいがっていることを知り、自分も王以上にこの美女をかわいがった。服でも、宝石類でも何でも好きなものを与えた。妃は、自分が新人に嫉妬していないということを王が知るや新人にこう言った。「王様は、あなたはとってもかわいいけれど鼻だけがちょっとね、と言ってたわよ。これから王様にお目通りする時は鼻を覆いなさい。そうすれば、今後もずっと寵愛してくださるわよ」。新人はこの忠告に従って、それから王を見るつど、鼻を覆

った。暫くして王が妃に「あの新人はわしを見るといつも鼻を隠すがどうしたんだろうな?」。妃は「さあ、どうしたのかしらね?」と、とぼけた。王は妃がわけを知っているに違いないと察し、さらに問い詰めると、妃は「ちょっと前に、王様の体臭が嫌いだとか申しておりましたわ」とウソをついた。王は怒って「あやつの鼻を削ぎ落としてしまえ」とどなった。妃は前もって側人に「王様がおっしゃったことは、即刻実行しなさい」と言い含めていたので、側人は刀を抜いて即座に新人の鼻を削ぎ落とした。

魏王遺荊王美人、荊王甚悦之、夫人鄭袖知王悦愛之也、亦悦愛之、甚於王、衣服玩好択其所欲為之。…夫人知王之不以己為妬也、因為新人曰:「王甚悦愛子、然悪子之鼻、子見王、常掩鼻、則王長幸子矣。」於是新人従之、毎見王、常掩鼻、王謂夫人曰:「新人見寡人常掩鼻何也?」対曰:「不己知也。」王強問之、対曰:「頃嘗言悪聞王臭。」王怒曰:「劓之。」夫人先誡御者曰:「王適有言、必可従命。」御者因揄刀而劓美人。

妃の根深い嫉妬を知らず、なまじっかそのアドバイスに従ったために、かわいそうに新人の美女は鼻を削ぎ落とされてしまった。後宮内の寵愛を巡る熾烈な競争は時として、鼻を削ぎ落とされるどころか、陰惨な殺人にまで発展することもあった。

正史の『三国志』に、『九州春秋』の記事として次のような話が載っている。

三国志　巻6・魏書2（中華書局・P210）

都出身の馮方（ふうほう）の娘は国一番の美人であった。都が戦乱に陥ったので、揚州（ようしゅう）に避難した。ある時、袁術（えんじゅつ）が城に登り、城下に娘の姿を見て、一目ぼれした。早速呼び寄せ、はなはだ寵愛した。後宮の宮人たちは嫉妬を隠して馮氏の娘に「殿は、志節（国を思う心）のある人が好みなのよ。それで、時々は涙を見せて亡国を憂うふりをすれば、きっと長く寵愛を受けられるわよ」と告げた。娘はもっともだと思い、それからは袁術を見ると、いつも涙を流した。袁術はうぶなやつだと、一層寵愛した。宮人たちは共謀して娘を絞め殺しておいて、トイレの梁に掛けて、あたかも娘が首つり自殺したように見せかけた。袁術は、娘が乱世を悲しんで自殺したものと思い込み、葬儀を手厚く営んだ。

司隷馮方女、国色也、避乱揚州、術登城見而悦之、遂納焉、甚愛幸。諸婦害其寵、語之曰：「将軍貴人有志節、当時時涕泣憂愁、必長見敬重。」馮氏以為然、後見術輒垂涕、術以有心志、益哀之。諸婦人因共絞殺、懸之廁梁、術誠以為不得志而死、乃厚加殯斂。

馮方の娘も、楚王の美女同様、後宮の宮人たちの激しい嫉妬の犠牲者となったのだった。

明代、朝鮮からの貢女の悲劇

資治通鑑よりずっと後の時代になるが、明代に朝鮮から明に送られた貢女に起きた例をとり上げよう。

貢女として明の宮廷に入り、永楽帝の寵愛を受けた権賢妃が20歳の若さで急死した。さすがの永楽帝も寵妃を失い、深い悲しみに沈んだ。数年後、この死を巡って、同じく朝鮮からの貢女の呂婕妤が権賢妃を毒殺した、と誣告された。これを聞いた永楽帝は呂婕妤の侍女を拷問にかけ、最終的に2800人を凌遅刑（寸刻みで皮膚を切り裂く刑）という残酷な刑に処した。永楽帝が崩御し、後を継いだ仁宗が朝鮮へ勅使を送り、一連の経緯を説明した。その内容が『朝鮮王朝実録』には次のように記されている。

朝鮮王朝実録　世宗実録・世宗6年（1424年）10月17日

明からの使者が次のように報告した。以前に朝鮮から献じられた韓氏をはじめとする貢女は、すべて先帝・永楽帝の死去に伴い殉死した。

ずっと以前、朝鮮の商人の呂氏の娘が貢女として明に来て、永楽帝の後宮に入った。その後、朝鮮から送られた貢女の呂氏に同じ姓なので仲良くしようと近づいたが、呂氏は断った。それで、商人呂の女官は反感を抱くようになった。

後宮の呂氏は永楽帝の寵愛を受け、権妃となったが、急逝した。その後、呂姓の女官が権妃の茶に毒を入れたとの密告があった。永楽帝は激怒し、呂姓の女官だけでなく、その他、疑わしき女官や宦官、数百人を殺した。

その後、商人呂の女官と魚氏の女官が秘かに男を引き入れたとの情報を永楽帝は握ったが、2人を寵愛していたので、事を荒立てなかった。しかし、2人の女官は恐れて、自ら首をくって死んだ。

永楽帝は2人の愛妾の死を聞いて、怒り、商人呂の女官が毒殺の犯人だと決めつけた。そして商人呂の侍女たちを拷問にかけたところ、皆一様に「商人呂の女官は帝を殺すつもりだった」と偽りの告白をした。それで、一斉に取り調べをした結果、2800人を処罰することになった。永楽帝自らがその凌遅刑（剮）に立ち会った。処刑された女官の中には、永楽帝に向かって「帝のオトコとしての機能が衰えたくせに、若い男を引っぱり込んだからといって、どこが悪いのよ！」と罵った者もいた。

その後、永楽帝は宮廷画家に命じて、商人呂の女官と若い男が抱き合っている場面を描かせて、後々まで見せしめにしようと考えた。しかし、死んだ魚氏の女官のことを思いだし、絵を寿陵（陵墓）の傍にある蔵にしまい込んだ。

永楽帝が崩御し、仁宗が即位すると蔵にしまわれた絵をとり出して捨てさせた。一連の騒動のはじめに朝鮮からの貢女として女官になっていた任氏と鄭氏は、処罰を恐れて先に自殺した。黄氏と李氏は拷問にかけられた後、斬刑に処された。黄氏が拷問にかけられたとき、苦し紛れに関係もない人の名を次々と挙げた。それを見た李氏が「そんなことをしても、死刑を逃れることができないのに。どうして他人まで巻き込もうとするの？　死ぬのは私一人で十分だわ」と言って、とうとう誰の名前も挙げなかった。結局、李氏朝鮮から送られて明の宮廷に入った貢女は全員が処刑された。

使臣言：前後選献韓氏等女、皆殉大行皇帝。先是、賈人子呂氏入皇帝宮中、与本国呂氏以同姓、欲結好、呂氏不従、賈呂蓄憾。及権妃卒、誣告呂氏点毒薬於茶進之、帝怒、誅呂氏及宮人宦官数百余人。後賈呂与宮人魚氏私宦者、帝頗覚、然寵二人不発、二人自懼縊死。帝怒、事起賈呂、鞫賈呂侍婢、皆誣服云：「欲行弑逆。」凡連坐者二千八百人、皆親臨剮之、或有面詬帝曰：「自家陽衰、故私年少寺人、何咎之有」。後帝命画工図、賈呂与小宦相抱之状、欲令後世見之、然思魚氏不置、令蔵於寿陵之側。及仁宗即位、掘棄之。乱之初起、本国任氏、鄭氏自経而死、黄氏、李氏被鞫処斬。黄氏援引他人甚多、李氏曰：「等死耳、何引他人為我当独死」。終不誣一人而死。於是、本国諸女皆被誅。

結局、権賢妃の暗殺には誰がどの程度かかわっていたのかという真相は解明されなかった。しかし、疑わしき者（朝鮮人の貢女）はまとめて数千人全員処刑されたのであった。この事件は、権賢妃の出身地の李氏朝鮮でもビッグニュースになったので、このように『朝鮮王朝実録』に細かく記述されたのだ。

以上のことから前述した、『書経』の「其の不辜を殺さんよりは、寧ろ不経に失せよ」（P138）は全くの空文であることが分かるであろう。

正しい記録を残そうとする史官の伝統

日本と中国の大きな差の一つが、議論にかける情熱であろう。五経の一つ『書経』には紀元前数百年以前の段階で、すでに帝王と臣下の議論する様子が記述されている。会話の内容や設定には多少のフィクションが交じっているにしろ、2000年以上前の議論の様子がおぼろげながらでも分かることは、日本では想像できない。それ故、日本では中国の歴史というと、つい、誰がどういった王朝を建てたとか、誰が戦争に勝ったというような単純な結果論的な観点でしかとらえようとしない傾向が強い。そうではなく、現在進行形的な観点で、それぞれの人がどういったことを言ったのかが重要だと考えた本物の史書には、事件の経緯が、それぞれの人物の発言とともに詳細に書き残されている。そこには、正しい記録を残すことに執念をかけた史官の伝統があった。

有名な例が『春秋左氏伝』（襄公25年・ＢＣ５４８年）に記されている「崔杼、その君を弑す」（崔杼弑其君）という文句であろう。斉の荘公が、臣下の崔杼の妻と姦通したため、崔杼に殺された。史官がそれを「崔杼、その君を弑す」と書きとめた。崔杼は自分の悪事が歴史に残ることに腹をたて、その史官を殺し、記録を抹消した。その弟がまた同じことを書いたので、またもや崔杼に殺された。そのようにして、２人の史官が殺されたが、それでもその次の弟も同じ事を書くに及び、崔杼はそのままにした。そのおかげで、「崔杼、その君を弑す」（崔杼弑其君）という文句が今にまで伝わることができた。史官は文字通り命をかけて言論の自由を守り抜いたわけだ。

このような史官たちによって綴られた中国の歴代の史書には、気骨溢れる人々から極悪人まで、活き活きとした姿や迫力ある言辞が書き残されている。この意味で、資治通鑑は歴史資料としても一級品であると同時に、人間性について考える材料を豊富に提供してくれる最高のドキュメンタリーだ。資治通鑑をはじめとする中国の史書は、年代や国民性を超えて我々現代の日本人にとっても、人の生き方について教えるところが多い。

第4章
大人(たいじん)の器量とは

中国人は「老獪（ろうかい）」を評価する

「大人（たいじん）の風（ふう）あり」とは、中国の人物評にしばしば現れる言葉である（この章では大人は「おとな」ではなく、「たいじん」と読む）。しかし、この言葉は、日本ではあまり聞かない。何故だろうか？

この理由の一つは次の点にあると私は考える。

日本では、特に実業界において、陽明学は非常に人気がある。陽明学の特徴は「真誠、猛進」にあるが、これは実は中国では、「青い」とけなされている。中国人にはいわゆる、老獪を評価する心情がある。それを表すのが、「唾面自乾（だめんじかん）」（唾をかけられても乾くまで待て）と「韜晦無露圭角（とうかいしてけいかくをあらわすなかれ）」（自分の才能をひけらかすな）という言葉だ。いずれも耐えてチャンスを窺えという趣旨である。このような国民性の中国人には、陽明学の性急な行動力は、胡散臭く映った。しかし、だからこそ逆に、性急な行動力が日本人の心情にフィットして、陽明学がもてはやされるのではないか、と思われる。

中国人は老獪をポジティブに評価するのに対して、日本人は「真誠」を高く評価する。

両国はこの点において全く相反する評価軸をもっている。中国で大人というのは、この老猾をよい意味で漂わせている人のことである。大人の風格の実例を唐の宰相、裴度(はいど)に見てみよう。

資治通鑑　巻243・唐紀59・AD826年（中華書局・P7848）

裴度が役所（中書）の長官であった時、官印がなくなった、と部下が慌てて知らせにきた。それを聞いた周りの者は真っ青になったが、裴度は落ち着いて酒を飲んでいた。暫(しばら)くして、また部下が「官印が見つかりました」と言ったが裴度は返事をしなかった。ある人がその理由を問うと、裴度が言うには、「官印は小役人が勝手に証書に押すために黙ってもち出したに違いない。急いで探せば盗みがばれるのを恐れて川に捨てるか、燃やしてしまうだろう。じっと待っておれば、用事が済めば元のところに返すものだ」。それを聞いた人は裴度の「識量」に感服した。

（裴）度在中書、左右忽白失印、聞者失色。度飲酒自如；頃之、左右白復於故処得印、度

不応。或問其故、度曰：「此必吏人盗之以印書券耳、急之則投諸水火、緩之則復還故処。」人服其識量。

裴度は中国人の心理をよく読んでいる。つまり、官印を盗んだのは後ろめたい理由でこっそり官印を押す必要があったからだと即座に理解した。これは、日本の現行の刑法では「公文書偽造」という罪に当たろう。しかし、裴度はあえて犯人を捜さず、軽犯罪はむしろ見過ごす方がよいと判断したのであった。

私が指摘したいのは、裴度のこの態度を当時の人たちが「識量あり」とポジティブに評価した、という点である。現在の日本であれば、法律上あるいは道義上、上司としての監督責任が問われるような態度が、唐代の中国では逆に尊敬を集めたのである。

この相反する評価を、単に現代日本と時代や国柄が異なるだけだ、と矮小化してはいけない。なぜなら、現在の日本の政治形態（民主主義や法治主義）が必ずしも最善ではない以上、人としての正しい生き方を考えた場合、現在の法秩序から見て過去の行為がたとえ違法だとしても、必ずしもその行為自体が悪いわけではないと理解すべきだ。このような過去の事例に出会った場合、一旦は現在の価値観や法体系から離れて、過去の人々が下した価値判断に虚心になって耳を傾け、本来的に人はどう行動すべきかを考えることが重要だと私は考える。

才能をひけらかさない

五代十国時代は、戦乱が50年間続いた時代であったが、最後に後周の世宗となった郭栄（柴栄ともいう）が戦乱に終止符を打った。しかし、天命拙く、郭栄は39歳の若さで世を去った。しかし、その人徳は後周から禅譲を受け天下を統一した宋の宗室からも慕われた。

郭栄は「韜晦無露圭角」を実践した人であったといわれる。というのも、郭栄は自分の実力に自信があっても、時の熟すのをじっと耐えて待ったからだ。とりわけ、平時より戦乱の時代が長かった中国では、無事に生き抜くための叡智がこの短い語句「韜晦無露圭角」に凝縮されている。

この言葉を実践した最近の政治家を挙げるとすれば、周恩来や朱鎔基が該当するだろう。周恩来は猜疑心の強い毛沢東やわがままでヒステリックな江青、陰険な林彪などに囲まれながらも、国民の福祉のために心血を注いだ。その苦闘の生涯は絶賛に値する。また朱鎔基は並々ならない能力を有しながらも、左遷されても忍耐強くチャンスを待ち、政敵である江沢民（こうたくみん）の下で国家の隆盛に心血を注いだ。

資治通鑑　巻２９４・後周紀５・ＡＤ９５９年（中華書局・Ｐ９６０２）

世宗（郭栄）は、即位前は韜晦（才能を隠）していたが、即位するや北漢軍を高平で打ち破ったので、人々は初めて彼の優れた武略に目を見張った。軍隊を統率したが、軍令は明瞭かつ厳格だったので違反しようとする者はいなかった。敵城を攻めた時には身近に矢や大石が次々と落ちてきて、お付きの者たちがうろたえたが世宗は全く動ずる気配がなかった。そしてタイミングよく突撃命令を出し、常に敵の意表をついた。熱心に政治に取り組み、一度読んだ書類は決して忘れることがなかった。不正を犯した者を摘発し、適切な処罰を与えたが、その正確で公平なことはまるで神業のようであった。暇を見ては儒者を召して歴史書を読ませたが、たちまち要点を理解した。もとより音楽や骨董品などに興味をもたなかった。いつも「太祖（養父の郭威（かくい））は王峻（おうしゅん）や王殷（いん）の悪業を見抜けなかったので、君臣の秩序が乱れてしまった」と言っていた。それで、臣下に過ちがあれば直接叱った。臣下が納得して過ちを認めれば赦してやった。功績があれば、厚く褒美をとらせた。文官と武官の両方を公平に用いたので、誰もが努力を惜しまなかった。人々は世宗の明察を恐れていたものの、思義は慕っていた。それで、敵国を攻めて、落とせないところはなかった。臣下が少しでも手を抜くと、極刑に処した。名家の出や才能のあるなしに関係なく、厳しく罰した。ところが、そういった厳罰を後悔する時もあり、晩年は次第に寛大になった。崩御した時、遠近を問わず、誰もが悲しんだ。

上在藩、多務韜晦、及即位、破高平之寇、人始服其英武。其御軍、号令厳明、人莫敢犯、攻城対敵、矢石落其左右、人皆失色而上略不動容；応機決策、出人意表。又勤於為治、百司簿籍、過目無所忘、発姦擿伏、聡察如神。閒暇則召儒者読前史、商権大義。性不好糸竹珍玩之物、常言太祖養成王峻、王殷之悪、致君臣之分不終、故群臣有過則面質責之、服則赦之、有功則厚賞之。文武参用、各尽其能、人無不畏其明而懐其恵、故能破敵広地、所向無前。然用法太厳、群臣職事小有不挙、往往置之極刑、雖素有才幹声名、無所開宥、尋亦

悔之、末年寖寛。登遐之日、遠邇哀慕焉。

郭栄は部下をびしびしと取り締まったが、恩恵を施すツボは心得ていて、部下の力を存分に引き出した。部下からは鬼のように恐れられたが、それでもなお、慕われたところに彼の器量の大きさが分かる。

郭栄の人使いのうまさを表すエピソードがある。郭栄とともに後漢（こうかん）に仕えていた李守貞（りしゅてい）が反乱を起こすと、郭栄は兵糧攻めにした。籠城が続き、餓死者が6割にも及んだ時を見計らって、郭栄が攻撃をかけるとあっけなく陥落した。李守貞は屋敷に火を放って一族もろとも焼死した。戦いが終わって、郭栄は敵将・李守貞の手下であった馬全乂（ばぜんかい）を自分の部下とした。それから数年して、郭栄が馬全乂とともに、叔父で養父の郭威を訪れると、郭威は郭栄が馬全乂を部下としたことを誉めて次のように言った。

資治通鑑　巻291・後周紀2・AD953年（中華書局・P9489）

故人となった李守貞の騎士であった馬全乂が、郭栄と一緒に入朝した。帝（郭威）は馬

全乂を召して、宮廷警備隊長（殿前指揮使）に任命し、周りの者にこう言った。「馬全乂は自分の職務に忠実だ。昔、河中の戦いではしばしば我が軍が苦しめられたものだ。お前たちも馬全乂を見習うように」。

故李守貞騎士馬全乂従栄入朝、帝召見、補殿前指揮使、謂左右曰：「全乂忠於所事、昔在河中、屢挫吾軍、汝輩宜効之。」

敵であった人間でも、見所があれば味方につけ、その才能をうまく活用することにかけては、郭栄に限らず、中国のリーダーたちに長けている人が多い。以前、江沢民が国家主席で、朱鎔基が国務院総理の時、朱鎔基は汚職撲滅に力を尽くしたが、それはとりもなおさず利権の中心にいた太子党（江沢民派）への攻撃であった。この意味で江沢民は朱鎔基を敵だとみなしていたはずであるが、朱鎔基の登用は鄧小平（とうしょうへい）の指名によるためと、朱鎔基の巧みな経済政策は否定のしようがなかったため、江沢民は最後まで朱鎔基を切ることができなかった。国際的な政治やビジネスの環境においては、敵味方がころころ変わる。

そういった状況に対処するためには、清濁併せ呑むというよりも、積極的に濁を活用することもためらわない、という中国人の図太さを日本人は学ぶ必要があるのではないだろうか。

世間の評価に惑わされず、信念を通せ

儒者というのは得てして教条主義に陥りやすいものだ。秦末の叔孫通は「まっすぐも度が過ぎると、曲がっているように見える。そもそも、道というのはくねくねと曲がっているものだ」（大直若詘、道固委蛇）と喝破した。叔孫通は、物事は柔軟に対応してこそ初めて大義が成就できるのだと、儒者の頑固さをせせら笑った。それでも、その後も実益（民の厚生）より虚辞（名分）が評価され続ける傾向は変わっていない。どうやら、中国の教養人は、教条主義（rigorism）に陥り易く、柔軟な発想を否定的に見る傾向が強いといえそうだ。

中国の歴史には教条派（現代用語では原理主義者）と実務派の対立がしばしば見られる。そしてたいていのパターンは教条派が権力を握り、実務派を弾圧するが、少数の実務派がしぶとく生き抜き、今度は教条派を圧倒していく、というものだ。現代史の例では実務派の

雄・劉少奇(りゅうしょうき)が走資派のレッテルをはられ、狂気の文化大革命の渦中に非業の死を遂げた。しかし劉少奇の同志であった鄧小平は弾圧されるも、文革後に復活を果たし、実権を握るや改革開放路線を推進して、今日の中国の発展の礎を築き、走資派の汚名を雪(そそ)いだ。

これからも分かるように、世間の評価というのは、時とともに大きく揺れ動くものだ。従って、我々が人を評価する時は、世間の評価を鵜呑みにせず、まずはその人の言動のデータを集め、前後関係を調査した上で、良い点と悪い点を分けた上で、総合的な判断を下すように心がけなければいけない。そこから教訓とすべきは、自分が信念をもって行動するなら、世間の評価に右往左往すべきではないということだ。

例として、儒者からは極めて低い評価しか受けなかった信念のリーダー・馮道(ふうどう)の功績を見てみよう。

923年に建国された後唐では、人材に事欠いていた。2代目の明宗（李嗣源(しげん)）が誰を宰相にしたらよいかを臣下に尋ねたが、思うような人が見つからなかった。そこで明宗は自分の意見として、次のように述べた。

明宗が言うには、「宰相というのは重職だ。皆でもっとよく議論してから決めてもらいたい。私が河東にいた時に馮道を見たが、才能豊かな上に物知りで、人を押しのけるようなところがない。宰相にふさわしいのではないだろうか」。

資治通鑑　巻275・後唐紀4・AD927年（中華書局・P8999）

上曰：「宰相重任、卿輩更審議之。吾在河東時見馮書記多才博学、与物無競、此可相矣。」

こうして国のトップである宰相に採用された馮道は、後唐・後晋・遼・後周と目まぐるしく興亡を繰り返す国々で一貫して政務を司り、無益な殺生を避けるべく努力した。しかし、世間の儒者たちは「忠臣は二君に仕えず」（忠臣不事二君）との教条主義から、「五朝八姓十一君」に仕えた馮道を「破廉恥漢」（恥知らず）とみなした（後唐・後晋・遼・後漢・後周の5王朝と後唐の李存勗（そんきょく）、その養子の李嗣源、その養子の李従珂（じゅうか）の3李氏、後晋の石氏、遼の耶律（やりつ）氏、後漢の劉氏、後周の郭威とその養子の柴栄の合計8つの姓、さらに後唐4代、後晋2代、遼1代、後漢2代、後周2代の合計11人の皇帝に出仕したことを指す）。

馮道の臨終時の記述と、彼の生涯を総括して述べた儒者（欧陽修（おうようしゅう）、司馬光（しばこう））の評価を見てみよう。

資治通鑑　巻291・後周紀2・AD954年（中華書局・P9510）

太師、中書令（国家主席）で瀛文懿王（えいぶんいおう）の馮道が亡くなった。馮道は子どものころから親孝行で有名であった。後唐の荘宗（そうそう）の時に初めて大官に至ってから、死ぬまでずっと国の政治のトップの地位（将、相、三公、三師）にいた。生活ぶりは至って質素だった。人に対しては寛大であり、喜怒の感情を顔に出さない人だった。一方でひょうきんな面もあり、機転がきいた。世間の評価は良かったり、悪かったりと、定まらなかった。かつて自叙伝『長楽老敘（ろうじょ）』で、自分がどのようにして出世したかを述べた。当時の評価は、徳のある人だということだった。

太師、中書令瀛文懿王馮道卒。道少以孝謹知名，唐荘宗世始貴顕，自是累朝不離将、相、三公、三師之位，為人清倹寛弘，人莫測其喜慍，滑稽多智，浮沈取容，嘗著《長楽老敘》，

自述累朝栄遇之状、時人往往以徳量推之。

臨終に際して、馮道の略歴を述べた後、当時は徳量ありと、かなりポジティブに評価されていた事実を淡々と述べる。しかし、これに続く論賛に儒者の痛烈な批判が叩きつけられる。まずは、名文家で知られる宋代士大夫（したいふ）のボス的存在の欧陽修の批判。

資治通鑑　巻291・後周紀2・AD954年（中華書局・P9510）

欧陽修は『新五代史』の論賛で次のように述べた。「礼、義、廉、恥は国の四維（しい）（4つの大原則）である。この四維が緩むと、国は滅亡する。礼義というのは政治の根幹である。廉恥は人の大節である。それだから、大臣が廉恥の心を失えば天下が乱れないでいられようか！　国家が滅びずにいられようか！　私は『長楽老叙』を読んで、馮道が自分の出世を誇らしげに語っているのは、全く破廉恥も極まると言いたい。国のトップの大臣がこうであるから国が滅亡するのだ」。

欧陽修論曰：「礼義廉恥、国之四維；四維不張、国乃滅亡。」礼義、治人之大法；廉恥、立人之大節。況為大臣而無廉恥、天下其有不乱、国家其有不亡者乎！予読馮道《長楽老敘》、見其自述以為栄、其可謂無廉恥者矣、則天下国家可従而知也。

欧陽修の批判は、馮道に廉恥心がない、という一点だ。つまり、彼の業績や政治に対する姿勢を批判しているのではなく、単に自分が仕えた国が滅びた後に、その国を滅ぼした主に仕える、つまり「二君に仕える」（事二君）という儒者としての倫理観に反した行動をとった点を非難しているに過ぎない。この非難が正当であるためには、「忠臣は二君に仕えず」（忠臣不事二君）が絶対的真理であることが必要であるはずだが、その点について、欧陽修をはじめ宋の儒者たちは、一点の曇りもない真理だと信じていた。

次いで、資治通鑑の編者、司馬光の批判を聞こう。

資治通鑑　巻291・後周紀2・AD954年（中華書局・P9511）

（司馬光の意見）天地には定まった位があり、聖人はこれに従い、礼を定め、法を作った。

家庭内には夫婦の道があり、外には君臣の道がある。妻は一生、夫に従うものだし、臣下は一たび主君を決めれば、一生、主君を変えない。これが人の大倫というものだ。もしこの定めを無視するなら、これ以上の悪行はない。范質は、馮道が徳に厚く教養があり、才能豊かで、威厳があると言ったが、馮道は国が滅びるつど、主君を乗りかえていった。彼の行動を世人は非難しないが、私（司馬光）は、大山のようにどっしり構え、むやみに転々とすべきではなかったと考える。

臣光曰：天地設位、聖人則之、以制礼立法、内有夫婦、外有君臣。婦之従夫、終身不改；臣之事君、有死無弐；此人道之大倫也。苟或廃之、乱莫大焉！范質称馮道厚徳稽古、宏才偉量、雖朝代遷貿、人無間言、屹若巨山、不可転也。

この批判から、司馬光も欧陽修と全く同じ思考回路をもっていたことが分かる。それどころか、司馬光は馮道を「奸臣のなかの奸臣」（茲乃奸臣之尤）と一層手厳しく非難した。極めつきは、馮道は乱世にうまく身を処したとの世間の評価に対して、「身を汚して生きるぐらいなら節操を守って死んだ方がましだ」（君子、有殺身成仁）とも弾劾する。

多くの書物を読み、博学であった馮道は、当時だけでなく後世の儒者たちからこういった批判を受けることは十分承知していたに違いない。それでも自分の名誉よりも幾百万人もの人命を救い、彼らの生活を守るために馮道は奮闘した。彼の大きな識量に私は敬意を抱く。

『宋名臣言行録（そうめいしんげんこうろく）』や『唐宋八家文』などを読み、個人的には私は欧陽修や司馬光の人柄には尊敬の念を抱いている。さらに、一国の大臣職にありながらも質素に暮らしたこの２人の清廉な政治姿勢には、現代にも通じるあたたかいヒューマニズムを感じる。しかしそうだからといって彼らの教条的な姿勢に対しては批判せざるを得ない。

日本の儒者の中にも、司馬光や欧陽修などの宋儒の意見をそのまま受け売りしている人がいる。その一例として吉田松陰の『講孟箚記（こうもうさっき）』（巻４下・第31章）に次の文が見える。


「馮道は、恥知らずにも五朝八姓で大臣となったが、全くけしからんやつだ」

（馮道の如き、五朝八姓に事へ皆、相となるに至る。豈憎（あににく）まざるべけんや）

この言い方は、馮道の事蹟を丹念に調べた上で下した評価ではないことは明らかだ。松陰といえば、命の危険をも顧みずペリーの船に乗って、世界を実地に見ようとしたほどであるから、柔軟な思考をもっていたように思えるが、残念ながら、実際は旧弊の儒教的固定観念に縛られた狭い識見しかもっていなかったことが分かる。吉田松陰は現在の日本においては非常に評価が高い。しかし、私は『講孟劄記』全編を丹念に読んだ結果、松陰の視野は狭く、識見において見るべきものは少ないとの結論に至った。

ただ、誤解のないように言っておきたいが、私は松陰の思想面には賛同できないものの、彼の熱誠溢れる教師としての姿勢は高く評価している。もっとも松陰のような熱血先生は幕末だけでなく、現在も日本全国に数多くいる。たまたま幕末の長州藩にいて、教え子の中から数多くの元勲が輩出したため、日本史に残る人物となった偶然的要素も否めないのではなかろうか。

細かい点をうるさくいわない

日本人で日本文化を英語で発信した人といえば、『武士道』の新渡戸稲造や禅の鈴木大拙が挙げられる。私は個人的にはこの2人の日本文化や仏教に関する見解には必ずしも賛同しないものの、日本文化が世界に理解されることに貢献した点では大いに評価している。

一方中国人では、林語堂が中国文化を世界に広める役割を果たした。林語堂は、中国人でありながらキリスト教の家庭に育ち、また幼いころから英語による教育を受けたので、中国のことをあまり知らなかったと、告白している。しかし、その後、独力で中国文化を網羅的に理解し、そのエッセンスを独特のユーモア溢れる筆致でつつみ、英文で世界に紹介した。

その内の一冊『中国＝文化と思想』（鋤柄治郎・訳、講談社学術文庫）では、中国人の最も偉大な長所として「寛容」を挙げている。林語堂のいう「寛容」とは、私なりに解釈すると「磊落」（鷹揚さ）ということになる。磊落とは、小さなことにこだわらない、包容力があり、気前がいいことである。この点で、宋代の政治家であり書家である蘇東坡は、筋の通った生き方もさることながら、彼の懐の広さが、今なお高い人気を保っている理由だと林語堂はいう。ただ、蘇東坡に対する私の個人的な感想をいえば、政治家としては、地方長官時代に善政を敷いて地元民には慕われたが、残念ながら国家規模の経綸（大局観）はもっていなかったように思われる。

この磊落に関連した有名な言葉として、「絶纓の会」というのがある。

春秋時代、楚の荘王の家来の一人が宴会の最中に、突風で明かりが消えたのを幸いに、美人にちょっかいを出したが、気の強い美人に冠の纓を引きちぎられてしまった。美人が荘王に、明かりをつけて犯人を捕らえるよう叫んだが、荘王は、出席者全員に冠の纓を引きちぎるように命じて、犯人が誰か、分からなくさせた。後日、楚と晋の戦争で、荘王が敵兵に襲われたが、王の窮地を命懸けで救った戦士がいた。戦が終わり、尋ねてみると件の冠の纓を引きちぎられた家来であった。

この話は前漢の劉向が編纂した『説苑』（巻6）に載せられているが、劉向はこのエピソードを紹介した後「このように、陰徳を施すものには、必ずよい報いがある」（此有陰徳者必有陽報也）との短いコメントを載せる。

磊落が古くから重んじられたことは、儒教の五経の一つ、『書経』にすでに見える。『書経』の「虞書（ぐしょ）」（益稷（えきしょく））には、舜（しゅん）が部下の皋陶（こうよう）に、トップ（元首）のあり方について次のように教えたと記されている。「トップの判断が明晰であると、部下もハッピーで、物事がうまくいく。逆に、トップが細かいことに口出しすると、部下は嫌になって、すべてダメになる」（元首明哉、股肱良哉、庶事康哉。…元首叢脞哉、股肱惰哉、万事堕哉）。

ここに出てくる叢脞（そうざ）とは「細かいことを心配するが、大きな戦略をもっていないこと」（細砕、無大略）という意味であり、日本では、福島第一原発の事故対応でこれにあてはまる事例を、図らずも数多く見せられた。

敗軍の将を尊重したヨーロッパ、中国

「敵の勇者の取り扱い」について、日本では敵の勇者を評価する伝統が乏しかったが、中国やヨーロッパではそうではなかった。さらに勇者だけでなく、敵対する将軍同士も、互いに心から尊敬し合う伝統があった。将としての器のあり方が日本と違うということであるが、具体的にどのように違うか見てみよう。

まず、ヨーロッパの例を見てみよう。

若き英雄アレクサンドロスがインド北部（今のパキスタン）に進撃した時、パンジャブのポロス王は象をインダス川にずらりと並べ、その渡河を阻止しようとした。アレクサンドロスは撹乱戦法を用いて相手の注意をそらし、見張りの手薄な上流を渡河してポロス王の背後を衝き、勝利を収めた。捕われの身になったポロス王はどういう待遇がお望みか、と聞かれて一言「王たるにふさわしく」とだけ答えた。敗れても気高い、毅然たる態度に感服したアレクサンドロスは、ポロス王を敗者としてではなく盟友として遇した。どちらも千両役者ではないか（プルタルコス『アレクサンドロス伝』、60節）。

アレクサンドロスに次ぐ名将といえば、ハンニバルの名前が挙がる。カルタゴの将軍であった父の薫陶を幼いころから受け、少ない手勢を率いてスペインからはるばるアルプスを越えて、最盛期のローマの軍勢に立ち向かい、連勝に次ぐ連勝で、とうとうローマ市の郊外数十キロのところまで迫り、あわやローマも陥落か、という瀬戸際まで追い込んだ。ところが、帝都を攻撃するのはまだ危険だと判断したハンニバルは戦略を変更し、イタリア半島の南部の都市を攻めた。

しかし、当初の期待に反してイタリアの諸都市はローマから離反せず、戦闘は膠着状態に陥った。その隙をついて、ローマの若き英雄、スキピオ・アフリカヌスが、慎重派の老将、ファビウス・マクシムスや一徹居士のマルクス・カトー（大カトー）の反対を押しきって、北アフリカのカルタゴの本拠地を直接攻めた。故国の危機を知らされたハンニバルは急いで帰国したが、ザマの戦いでスキピオに敗北した。しかし、スキピオは敗軍の将となったハンニバルを丁重に取り扱った。故国から追放せず、ましてやローマへの引き渡しも要求しなかった。それだけでなく、２人だけで散歩をしながら、まるで古くからの友人であるかのように親しく会話したとも伝えられている（プルタルコス『ティトゥス・フラーミニーヌス伝』、21節）。

中国でも敗軍の将を丁重にもてなした例がある。

劉邦の武将である韓信は「背水の陣」の故事で知られる戦いで、趙軍を破った。智謀の士・広武君（李左車）は捕えられ、縄で縛られて連れて来られた。韓信はその縄を解いて、師として迎えた。そして、今後の戦略についてアドバイスを求めた。広武君は「敗軍の将、語るべからず」と遠慮したが、韓信は「是非とも」と願ったので、広武君はそれではと「智者の考えも千回に一回ぐらいは間違いがあるが、愚者の考えも千回に一回ぐらいは良いアイデアがある」（智者千慮、必有一失；愚者千慮、亦有一得）と言い訳をしてから韓信にアドバイスした。

このように敗軍の将といえども、立派であればしかるべき敬意を払うのが中国の伝統であったことが分かる。

敵同士の将軍が互いに敬意を払う

日本では戦国時代の美談として、武田信玄が今川氏から塩を絶たれた時、宿敵である上杉謙信が武田信玄に塩を送ったという話が有名である。つまり、謙信は信玄という武将とは戦うが、領民には怨みはないと言った。ただ、この2人の武将は好敵手ではあったものの、相手を信頼するには至っていない。殺すために戦っている相手だから、そう易々と信頼するわけにはいかないのは当然だ、と我々は考える。

しかし、広大な国土で人口も多い中国では、時折、我々日本人の感覚では理解しがたい言動を見ることがある。例えば、敵同士の将軍が互いに尊敬し合うだけでなく、親しく贈り物の交換をしたことが史書に書き残されている。
『三国志』の次の時代、晋に羊祜という武将がいた。『晋書』によると、羊家は代々「清徳をもって聞こゆ」（以清徳聞）と言われていた。そのせいか、羊祜自身は子どものころから、すでに貴人の相を備えていたようだ。

ある時羊祜が汶水の水辺で遊んでいると、老人が現れて「お前はなかなか良い人相をしている。60歳になるまでに必ず世の中に轟くような大きな功績を打ち立てるだろう」と言って、行ってしまった。羊祜がおとなになると、物覚えがよく文章も優れて上手だった。身長は165センチと高い方ではなかったが、鬚と眉の格好がよく、弁も立った。

嘗遊汶水之浜、遇父老謂之曰：「孺子有好相、年未六十、必建大功於天下。」既而去、莫知所在。及長、博学能属文、身長七尺三寸、美鬚眉、善談論。

晋書　巻34（中華書局・P1013）

中国の歴史書には、このような讖言（しんげん）（予言）がたびたび登場する。私は、讖言のかなりの部分は後づけに違いないとは思うものの、エドガー・ケイシー（Edgar Cayce）のような予言者が実在していたことから考えると「地大物博（ちだいぶつはく）（国土が広大で物資産が豊富）」の中国のことであるから、たまに本当の予言者がいても不思議ではないだろう。

さて、晋と、南方の呉とは淮河（わいが）を境にして小競り合いを繰り返していた。その前線で戦っていた晋の将軍・羊祜と呉の将軍・陸抗（りくこう）は、お互いに好敵手と認め合っていた。その様子は謙信が信玄に塩を送った、というレベルを遥かに凌ぐ。

資治通鑑　巻79・晋紀１・ＡＤ２７２年（中華書局・Ｐ２５２８）

羊祜の軍隊と呉の陸抗の軍隊は国境で対峙していたが、常に使者は往復していた。ある時、陸抗が羊祜に酒を贈った。羊祜は疑うことなく飲んだ。また別の時、陸抗が病気になったので、羊祜に薬を送ってくれるように頼んだ。羊祜は薬をあつらえて陸抗に送った。陸抗はすぐに飲もうとしたが、家臣の多くは毒かもしれないのでやめた方がよいと忠告した。陸抗は「羊祜ともあろう人が毒殺を目論むはずがない」と言って相手にしなかった。

祜与陸抗対境、使命常通：抗遺祜酒、祜飲之不疑；抗疾、求薬於祜、祜以成薬与之、抗即服之。人多諫抗、抗曰：「豈有酖人羊叔子哉！」

このような仁徳溢れる将軍たちに率いられた晋と呉の兵は、戦争においては殺し合ったものの、普段はお互い紳士的に振る舞っていた。羊祜が晋の兵士だけでなく、敵方の呉の兵士からも慕われた様子を、資治通鑑は次のように記す。

資治通鑑　巻80・晋紀2・AD278年（中華書局・P2552）

呉の民衆は敵の将軍の羊祜が死去したのを聞いて、市場を閉めて嘆き悲しんだ。呉の将官や兵士もまた、羊祜の死を悼んで涙した。

南州民聞祜卒、為之罷市、巷哭声相接。呉守辺将士亦為之泣。

敵から武勇や計略を誉められる将軍はいるものの、死去した時に、敵方の誰からも惜しまれた羊祜のような人は、古今東西を見渡してもそうざらにはいないだろう。

異民族の将軍の間にも固い信頼感

古来、漢民族は異民族を「人面獣心（じんめんじゅうしん）」（人間の顔をしているようでも、心は野獣と同じだ）と見下していた。しかし、3世紀末の八王の乱をきっかけに、北方、西方から数多くの異民族（遊牧民）が中国に住みつくようになった。驚いたことに、今までケモノだと思っていた遊牧民たちも、少なくとも将のあるべき姿に関しては中国人と同じ価値観を共有していた。

後趙の創建者の石勒（せきろく）は、元来は羯（けつ）族という北方の騎馬民族の出身であったが、敵対する東晋の将軍、祖逖（そてき）に敬意を払っていた。祖逖は「軍営にあっては、将士と苦労を分かち合い、自分は質素にして、他人には多く施した」（在軍、与将士同甘苦、約己務施）と評されるほど、傑出した人格者で有名であった。

資治通鑑　巻91・晋紀13・AD320年（中華書局・P2883）

祖逖は後趙と対峙して兵隊を訓練し、穀物を備蓄し、機会があれば河北へ侵攻しようと考えていた。これを聞いて、後趙の石勒は困ったことになったと考えて、幽州にあった祖逖の父祖の墓を掃除し、墓守を2軒置いた。そして、祖逖に手紙を送り、互いに外交官を派遣し、交易市を設置しないかと提案した。祖逖はこの手紙には返事を出さなかったが、交易市は許し、それによって従来の10倍の利益を得た。祖逖の部下であった将軍の童建が新蔡の内史（長官）の周密を殺害して後趙に亡命した。石勒は童建の首を刎ねて祖逖に送り「逆臣や亡命者は私にとっても仇です。将軍はこやつらを憎むでしょうが、私もそれ以上に憎みます」と言い添えた。祖逖は石勒のこの行いに恩義を感じ、それ以降、後趙の人で亡命してきた者は、皆受け入れなかった。そして将軍たちが後趙の国境を侵略して荒らし回ることを禁じた。この結果、東晋と後趙の国境では、しばしの間、平穏が保たれた。

逖練兵積穀、為取河北之計。後趙王勒患之、乃下幽州為逖脩祖、父墓、置守冢二家、因与逖書、求通使及互市。逖不報書、而聴其互市、収利十倍。逖牙門童建殺新蔡内史周密、降

于後趙、勒斬之、送首於逖曰：「叛臣逃吏、吾之深仇、将軍之悪、猶吾悪也。」逖深徳之、自是後趙人叛帰逖者、逖皆不納、禁諸将不使侵暴後趙之民、辺境之間、稍得休息。

石勒は祖逖が本気を出して北伐してこないよう、祖逖の先祖の墓に、墓守をつけ、また裏切って逃亡してきた将軍の首を刎ねて祖逖に送った。石勒は祖逖に敬意を払うことが戦略的に有利と見ただけのことであったかもしれないが、祖逖がこういう処置を正当に評価してくれる武将だと確信していたに違いない。両武将がお互いに尊敬し合っていたため、不要な争いが回避され、両国（東晋と後趙）の間に安寧が保たれた。

息子を殺した将軍を受け入れた曹操（そうそう）の度量

後漢末の乱世にあって、曹操の活躍は『三国志』の中でも際立って高く評価されている。例えば、袁紹（えんしょう）は名門の出であったが「寛大ではあるが、決断力に欠け、謀略を練るのは好きだが、実行しない」（寛而不断、好謀而少決）と低い評価を受けているのに反し、曹操は「雄大な構想をもち、チャンスと見ればためらわずに即実行に移した」（有雄才遠略、決機無疑）

と評されている。曹操の評価ポイントは立案力と決断力、それにずば抜けて高い実行力である、ということが分かる。

しかし、見落としてならないのは、曹操の周りには才能ある人たちが続々と集まってきたことである。それは何故か？　私は、曹操に包容力があったからだと考える。その実例を張繡（ちょうしゅう）という人物の取り扱いに見ることができる。まずは、曹操と張繡の間にどういう事件が起こったのかを押さえておこう。

フィクションの『三国志演義』はいざ知らず、正史の『三国志』を読むと、驚くことに曹操には案外、負け戦が多い。軍勢のほとんどを失ったり、あやうく敵兵に捕われそうになったりと、ひやひやする場面が少なくない。そのような戦いの一つが、１９７年、張繡との淯水（いくすい）での戦いである。

資治通鑑　巻62・漢紀54・ＡＤ１９７年（中華書局・Ｐ１９９４）

曹操が張繡を征伐するために淯水に陣を構えた。張繡は、勝ち目がないと悟って曹操に降伏した。張繡には張済（さい）という伯父がいたが、戦死した。曹操は未亡人となった張済の妻

を自分のものにした。それを知った張繡は歯軋りした。また、曹操が自分の部下の胡車児(こしゃじ)に特別ボーナスを支給したことを知り、立場が危なくなったと考えた張繡は曹操を襲撃した。戦闘で曹操の長男の曹昂(こう)は戦死、曹操にも矢が当たった。曹操の兵士たちは逃げたが、典韋(てんい)だけは踏みとどまり、張繡の兵と死闘を演じ、体中傷だらけとなった。張繡の兵が典韋めがけて突撃したが、剛力の典韋は両脇に2人の兵を抱えて打ち殺した。典韋は最後の力を振り絞り、目をかっと開き、敵を罵りつつ果てた。

曹操討張繡、軍於淯水、繡挙衆降。操納張済之妻、繡恨之；又以金与繡驍将胡車児、繡聞而疑懼、襲撃操軍、殺操長子昂。操中流矢、敗走、校尉典韋与繡力戦、左右死傷略尽、韋被数十創。繡兵前搏之、韋双挟両人撃殺之、瞋目大罵而死。

張繡は一旦は曹操に降参したものの、隙を見て反乱し、終いには曹操の息子（曹昂）と、曹操が一番かわいがっていた忠臣の典韋を殺した。曹操も矢傷を負って落ち延びた。曹操にとって、張繡は殺しても飽き足りない、にっくき仇だ。

さて、こういう出来事があってから2年後、立場は逆転し、曹操の攻勢で張繡は苦境に陥った。そういった中、袁紹から同盟の誘いが来たので、張繡は許諾しようと考えた。参謀の賈詡が「袁紹ではなく曹操と組むべきだ」と主張した。

資治通鑑　巻63・漢紀55・AD199年（中華書局・P2017）

張繡は、賈詡のアドバイスに従い、全軍を率いて曹操に降伏した。曹操は、張繡の両手を握り喜んだ。そして、大宴会を催し、張繡の娘を自分の息子・曹均の嫁にした。さらには、張繡を揚武将軍に任命した。

繡率衆降曹操、操執繡手、与歓宴、為子均取繡女、拝揚武将軍。

曹操は、自分の息子を殺した張本人の張繡を、大歓迎したのだ。それだけに止まらず、張繡の娘を自分の息子の嫁として迎えた。これは、張繡を騙すための策略でなく、曹操の本心から出た行為であることは、その後の張繡の活躍に対して、封土（領地）を増していることからも分かる。この出来事は曹操の大度量を表す好例として、世間に広く知られるところとなった。

曹操と張繡の故事を用いて説得

この出来事があってから350年後の南北朝時代の557年のこと、江南に陳（ちん）という国が建国された。その2代目の文帝の時のこと、陳宝応（ほうおう）というはねっかえりの家臣がいて、文帝に対抗し自己の勢力を拡大しようと秘かに画策していた。それを知った参謀の虞寄（ぐき）が陳宝応に「無謀なことは止めた方がよい。素直に文帝に謝れば今の地位は保全できるはずだ」と、張繡の話を引き合いに出しつつ次のように諭（さと）した。

資治通鑑　巻169・陳紀3・AD563年（中華書局・P5228）

文帝（聖朝）は度量の広いお方だ。人の欠点や過ちは見ぬふりをして、人をあたたかく迎える。そして一旦認めたからには、完全に信頼して、職務を任せてくれる。文帝は、腹の中は実にさっぱりとした方で、せこいことは考えない人だ。ましてや貴方は文帝との間

には、張繡と曹操との間にあったような対立もないことだし…。

聖朝棄瑕忘過、寛厚得人、…悉委以心腹、任以爪牙、胸中豁然、曾無纖芥。況将軍釁非張繡、…

虞寄は350年前の事柄を引き合いに出して陳宝応を説得しようとした。こういった説得が意味をもつためには、まずこの張繡と曹操との間の一連の事件に関する評価が定まっていなければならない。つまり、曹操は息子や最愛の腹心の部下まで殺した張繡をあたたかく迎え入れた。そのような寛大な処置をした曹操の度量は余人の及ぶところではないことが、万人の広く認めるところとなっていたわけだ。次いで、両者（虞寄と陳宝応）とも、この事件のいきさつを十分に知っていなければならない。この2つの条件が重なって初めて、この故事を引き合いに出して説得することが意味をもつ。

中国の歴史では、このように数百年前、1000年あるいは2000年も前の故事をもち出して説得する方が、論理的に説得するよりも遥かに成功する確率が高い、といった事例に事欠かない。最近の例では、習近平が2013年、中国共産党中央党校の始業式でのスピーチで「四書」の一つ『中庸』から「博学之、審問之、慎思之、明弁之、篤行之」を引用した（意味…学ぶ時には、まず広く学び、内容をしっかり吟味し、納得するまで考え、良し悪しを判断し、実行せよ）。

大度の人、南斉の蕭道成

中国の南北朝時代（439―589年）の150年間、幾多の王朝が中国の北と南に建てられたが、いずれの王朝も短命であった。当時の庶民にとっては塗炭の苦しみの連続であるが、史書を読む立場からいえば、碩学の故・桑原隲蔵氏（京都帝大教授、東洋史）が述べたように、安楽太平な時代よりずっと面白い。蕭道成が建てた南斉も短命であり、わずか20数年しか続かなかった。しかし、頼るべき後ろ盾を全くもたない人間が徒手空拳で新たな王朝を建てたあたり、蕭道成はただ者ではない。運もあろうが、やはり人間としての器が大きかったように思える。

蕭道成が部下の江淹に敵の大将の沈攸之と比較してどうかと聞いたところ、江淹は、お世辞をまぶしつつ次のように答えた。

資治通鑑　巻134・宋紀16・AD477年（中華書局・P4212）

蕭道成が都から新亭にやってきて、参謀（驃騎参軍）の江淹に質問した。「今、天下は大いに乱れているが、君の情勢判断について聞かせてくれまいか？」。江淹が答えて言うには「勝ち負けは兵士の数ではなく、リーダーの徳によります。尊公には5つの長所があります。第一に、勇気がある上に素晴らしい戦略もおもちです。第二に、寛容で思いやりがあります。第三に、部下の力を思う存分発揮させています。第四に、人民が慕っています。第五に、天子を擁して逆賊を討とうとしています。それに反して、敵の沈攸之は5つの短所があります。第一に、戦略は素晴らしいものの、人としての器が小さい。第二に、威張るばかりで部下に恩賞を与えません。第三に、部下の統率がとれていません。第四に、地方のリーダーたち（搢紳）がそっぽを向いています。第五に、兵力が数千里に伸びて分散しているのでお互いに助け合うことができません。たとえ勇猛な兵士が10万いたとしても、我が方の虜となるでしょう」。これを聞いた蕭道成は「君の話はオーバーだな」と苦笑い

をした。

蕭道成出頓新亭、謂驃騎参軍江淹曰：「天下紛紛、君謂何如？」淹曰：「成敗在徳、不在衆寡。公雄武有奇略、一勝也；寛容而仁恕、二勝也；賢能畢力、三勝也；民望所帰、四勝也；奉天子以伐叛逆、五勝也。彼志鋭而器小、一敗也；有威而無恩、二敗也；士卒解体、三敗也；搢紳不懐、四敗也；懸兵数千里而無同悪相済、五敗也。雖豺狼十万、終為我獲。」道成笑曰：「君談過矣。」

江淹の言葉は、まんざらすべてお世辞でもなさそうだ。蕭道成が「寛容で思いやりがある」（寛容而仁恕）と評価されているのにはわけがある。かつて袁粲（さん）が沈攸之と共謀して蕭道成を討とうとし、逆に返り討ちにあって殺されてしまったが、この争乱の間にあって、どちら側につこうか迷った人がたくさんいた。混乱を収拾した後、蕭道成はそういった人たちを詰問したが、すべて赦した（道成並赦而用之）。蕭道成は、敵方に与した人間でも殺すことなく、才能があれば活かしたのだ。この行動について、胡三省（こさんせい）は「蕭道成は怨を捨てて才能ある者を活かした」（蕭道成能棄怨録才）と評価している。このような行動は中国だけでなく、西洋にも見られた。度量の大きい人のことを英語ではmagnanimityといい、カエサルが一番有名だ。ローマの政治家で文人のキケロは、ローマが国全体としてこの徳（magnusanimus）を誇っていたという（『義務について』巻1・61節）。

もっともmagnanimityの徳に関しては、すでにギリシャにおいても盛んに論じられていた。例えばアリストテレスの『ニコマコス倫理学』（巻4─3、1125ａ）では、度量の大きい人の振る舞いをいろいろと列挙する中で、怨みを忘れる点を指摘している。

確かにローマの歴史を読むと、キケロの自慢もまんざら誇張ではないことが分かる。ローマは周辺の部族と絶え間なく戦争をしていたが、一旦敵が降参すると、それまでの行きがかりを一切帳消しにし、味方として迎え、最後には市民権すら与えた。このような寛大さがあったので、ローマは周辺の他の部族と異なり、結果的に広大な帝国を築くことができたと思える。ローマは個人個人だけでなく、国として怨を捨てて才能を活かす（棄怨録才）ことを広範囲に適用した、といえる。

さて、蕭道成は南斉を建国した3年後に56歳で亡くなった。『南斉書』は蕭道成の人物を次のように総括する。

蕭道成は、子どものころからじっくりと考える、度量のある人だった。おおらかであったが、厳しい面もあり、倹約タイプであった。喜怒哀楽を顔に出さなかった。読書家で、幅広く経書や史書を読み、書や文章も上手であった。囲碁もトップにあと一歩の腕前であった。政務や軍事で忙しくとも囲碁をしない日はなかった。部下の意見をよく聞いて、計略を練った。沈着なところが多くの人を惹きつけた。皇帝に即位した後は、華麗なデザインや手の込んだ品々は身に着けなかった。宮廷管理の役人（中書舎人）の桓景真（こうけいしん）に次のように命令した。「宮中の衣装庫に華美な装飾品（玉介導）があるが、これは、20年前の大明の末（460年ごろ）に始まったもので、泰始年間（470年ごろ）に豪華を極めるようになった。こういうものを衣装庫に置くのは国が乱れる元だ。即刻打ち壊してしまえ。類似のものも同じく処理せよ」。その後、宮廷の銅器や銅の檻（てすり）をすべて鉄に替えた。それだけでなく、宮中の内殿は粗末な黄色の帳（カーテン）を使い、宮中の女官には、麻のくつを履かせ、日よけ

南斉書　巻2（中華書局・P38）

の傘についていた装飾品の金花爪はすべて、鉄の釘に替えた。そして、常に「わしがもう10年天下を治めたなら、金を土や石ころと同じくらい、価値のないものにしてしまうのだがなあ」とため息をついた。蕭道成は自ら率先して世の中の華美を改めようとしたのだ。

上少沈深有大量、寛厳清倹、喜怒無色。博渉経史、善属文、工草隷書、奕棊第二品。雖経綸夷険、不廃素業。従諫察謀、以威重得衆。即位後、身不御精細之物、敕中書舎人桓景真曰：「主衣中似有玉介導、此制始自大明末、後泰始尤増其麗。留此置主衣、政是興長疾源、可即時打砕。凡復有可異物、皆宜随例也。」後宮器物欄檻以銅為飾者、皆改用鉄、内殿施黄紗帳、宮人著紫皮履、華蓋除金花爪、用鉄廻釘。毎曰：「使我治天下十年、当使黄金与土同価。」欲以身率天下、移変風俗。

残念ながら、その後の歴史が明らかにしているように、金が瓦石のように無価値になることはなかったが、蕭道成に対する評価はそれで些かなりとも減ずることはない。

小恵はリーダーのすべきことにあらず

最近の日本では、人の評価において「優しい」や「気配りができる」といった面がむやみと強調されているように思える。こういった性格は個人としてはよいかもしれないが、リーダーの資質として見る場合には、必ずしも高く評価すべきではない、というのが冷徹な中国人の見方だ。

中国の史書には中国人の考えるリーダーの資質に関して、参考とすべき意見が数多く載せられている。とりわけ、『漢書』は中国の為政者にとって必読書といわれてきた。その理由の一つが、武帝や宣帝などの賢君が出たおかげで政治、経済が安定し、名臣が多数輩出したことが挙げられる。

その名臣の一人、丙吉(へいきつ)の言動に、中国人の考える国のトップとしてのあり方が窺える。

漢書　巻74（中華書局・P3147）

丙吉が街中を巡察していた時のこと、公道で乱闘が起きて多数の死傷者が横たわってい

る場面に出くわした。丙吉は気にかける様子もなくその場を通り過ぎた。家来の小役人（掾史（えんし））は「何故放置しておくのだろうか？」と不思議に思った。暫くすると、牛を追い立てている者に出くわした。牛は暑さのために舌を出してぜいぜいしていた。丙吉は自分の車を止めて「何里、牛を追い立てて来たのか？」と尋ねさせた。小役人は、丙吉は問うべきことを間違っていると非難した。丙吉が答えて言うには、「民が乱闘し死傷者が出たら、長安の警察長官（長安令）や市長（京兆尹（けいちょういん））が取り締まればよい。丞相としての私の役割は、年末に彼らの人事評価をして、賞罰を与えること。宰相は小事にかかわらないものだ。公道の出来事など、気にかける必要はない。しかし、まだ早春で、暑い時期でもないのに牛が少し歩いただけでぜいぜいしているなら、これは異常気象だ。早く対処しないと農作物が不作となり、大変なことになる。私の三公としての職務は陰陽の調和だから、この事態を憂慮したのだ」。小役人はこれを聞いて納得し、丙吉は押さえるべき政治のツボを知っていると敬服した。

丙吉又嘗出、逢清道群闘者、死傷横道、吉過之不問、掾史独怪之。吉前行、逢人逐牛、牛喘吐舌。吉止駐、使騎吏問：「逐牛行幾里矣？」掾史独謂丞相前後失問、或以譏吉、吉曰：「民闘相殺傷、長安令、京兆尹職所当禁備逐捕、歳竟丞相課其殿最、奏行賞罰而已。宰相不親小事、非所当於道路問也。方春少陽用事、未可大熱、恐牛近行用暑故喘、此時気失節、恐有所傷害也。三公典調和陰陽、職所当憂、是以問之。」掾史乃服、以吉知大体。

丙吉は、道路に横たわる死傷者などの処理は地元の警察長官に任せておけばよいが、異常気象のような国民全体にかかわる問題は、一国の大臣として自分が率先して対処しなければならない、と考えた。つまり、役職ごとの職務分担と職務権限を明確に分離し、宰相（大臣）としての自分の職務に専念したわけだ。

この丙吉のエピソードを、単に宰相は職務に専念すべきだ、という意味にとるよりも、為政者は大局的見地に立って行動すべきとの心構えを指摘した、という風にとらえるべきだと私は考える。その意味を明確に表したのが、北魏の孝文帝の言動に対して、資治通鑑の編者である司馬光が与えた評価だ。

資治通鑑　巻138・斉紀4・AD493年（中華書局・P4337）

孝文帝が肆州にきて、道路脇に「跛」、「眇」を見た。それで、乗り物を止めて、彼らを慰労し、生涯にわたり、衣食を与えるよう命じた。（筆者注・上の文中の「跛」や「眇」という身体障がい者を指す単語は現在では差別用語として使用は好ましくないとされているが、原文を尊重し、そのままにした）

魏主至肆州、見道路民有跛眇者、停駕慰労、給衣食終身。

さて、孝文帝のこの行為に対して、胡三省は次のように批判している。

資治通鑑　巻138・斉紀4・AD493年（中華書局・P4338）

（胡三省の注）**孝文帝は確かに恩恵を施したといえるが、政治の本筋を知らない。見える範囲の人に給付したとしても、見えない人に対しては給付できないではないか！　昔の政治家は身よりのない者や身体の不自由な者を援助する制度を整備した。そうすれば、君主が**

目にとめてくれるのを待って初めて世話を受けるという事態にはならない。

此亦可謂恵而不知為政矣。見者則給衣食、目所不見者、豈能偏給其衣食哉！古之為政者、孤独廃疾者皆有以養之、豈必待身親見而後養之也！

つまり、孝文帝の行動は、政治のトップに立つ者がすべきことではない、と胡三省は非難する。このような小事に、ちまちま対応するのではなく、社会的弱者を救済する制度づくりに励めというのだ。

この文の後に、孝文帝の「ヒューマニズム溢れる」エピソードがもう一つ語られる。

資治通鑑　巻138・斉紀4・AD493年（中華書局・P4338）

大司馬（軍務大臣）で安定王の拓跋休が、兵士の中で盗みを犯した者3人を捕えた。軍中を引き回し、まさに首を刎ねようとした時、たまたま孝文帝が視察に来た。孝文帝はこの3人を赦してやれと言った。拓跋休は「ダメです。陛下は自ら大軍を率いてこれから江

南を制圧されようとしているではありませんか。その矢先に盗みを働いたこれらの悪人を処罰せずして、どうしてこれから兵士を統率できましょう！」。孝文帝が答えて言うには「貴殿の言うことはもっともだ。ただ、王者の体裁というものがあって、時には例外的な恩恵も施さないといけない。この3人は確かに死罪に相当しよう。しかし、縁あって私の目に触れたのだから、軍法に違反するとしても特例として釈放してあげて欲しい」。司徒（文部大臣）の馮誕（ふうたん）に向かって「大司馬（拓跋休）は法の執行に厳格なので、諸君も心するように」と言った。兵士全員がしーんと静まり返った。

大司馬安定王休執軍士為盗者三人、以徇於軍、将斬之。魏主行軍遇之、命赦之、休不可、曰：「陛下親御六師、将遠清江表、今始行至此、而小人已為攘盗、不斬之、何以禁奸！」帝曰：「誠如卿言。然王者之体、時有非常之沢。三人罪雖応死、而因縁遇朕、雖違軍法、可特赦之。」既而謂司徒馮誕曰：「大司馬執法厳、諸君不可不慎。」於是軍中粛然。

現在の日本でこれら2つのエピソードを語ると、たいていの人は、これらは孝文帝のヒューマニズムを称えるものだと考えるに違いない。しかし、資治通鑑の編者、司馬光がこれらのエピソードを取り上げたのは全く逆の意図からであった。司馬光は資治通鑑のところどころで自分の意見を述べているが、彼の意見は個人的見解というより、宋代の士大夫（官僚や知識人）の代表的な意見といえよう。孝文帝のこの言動が当時の士大夫の間でどのような評価を受けていたか、司馬光の批評に耳を傾けてみよう。

資治通鑑　巻１３８・斉紀４・ＡＤ４９３年（中華書局・Ｐ４３３８）

私、司馬光は次のように考える。国の元首が国を治めるというのは、喩えてみれば、遠方や国境のことも自宅の庭のようにはっきりと把握することだ。優秀な人を採用して、彼らに任務を与え、人民のために政治を行えば、国はことごとくうまく治まるものだ。これが、《黈纊塞耳、前旒蔽明》、つまり「耳と目にすだれをたらしていても、視覚や聴覚に頼ることなく、理性を働かせて国のすみずみまで洞察する」ということだ。孝文帝の行った弱者の救済などは、各地方の長官に任すべきことだ。道で出会った人だけに施しをするとなると、結局は施しをできない人の方が多くなってしまうではないか。それが果たして仁だろうか？　そのような方法では恩恵を受ける人はあまりにも少ないではないか！　その上、法を曲げて罪人を赦すなど、国君としてもっともふさわしくない行いだ。孝文帝は北魏の賢君でありながら、残念なことに、このようなつまらない行為もあった。

臣光曰：人主之於其国、譬猶一身、視遠如視庭、在境如在庭。挙賢才以任百官、修政事以利百姓、則封域之内無不得其所矣。是以先王黈纊塞耳、前旒蔽明、欲其廃耳目之近用、推聡明於四遠也。彼廃疾者宜養、当命有司均之於境内；今独施於道路之所遇、則所遺者多矣、其為仁也、不亦微乎！況赦罪人以橈有司之法、尤非人君之体也。惜也！孝文、魏之賢君、而猶有是乎！

司馬光が孝文帝を非難するのは、個人的な目の届く小さなスケールでものを考えるだけで、貧民救済の制度（システム）を整えるという大きなスケールでものを考えようとしなかった点にある。小さな恩恵を施す（小恵）ことで、孝文帝は大いなる自己満足を得たのかもしれないが、それは個人としては誉められるべき性質のものであっても、決して国のリーダーとしては評価されないと司馬光は考えた。

ところで、世間ではよく「中国では、儒教の国なので、儒教精神に則って政治が行われてきた」と信じられているようだが、これは大いなる誤解だ。確かに高級官僚の選抜試験（科挙）には儒教の聖典（四書五経）からの出題が多いので、彼らは儒教の本に書かれている理念自体は熟知している。しかし、資治通鑑に限らず、史書（歴史書）を丹念に読んでみると、「儒教の根本思想である仁をベースとした政治では、国という大きな単位を統治することはできない、仁政とは単なる観念論に過ぎない」と、実際に政治に携わっていた士大夫たちはとっくに承知していたことが分かる。

士大夫たちは、実際には下級官僚（胥吏）の跋扈によって、思い通りには行かなかったとはいえ、法制度を整備して、システムとして政治をすべきだとの法家的見地に立っていたことが、この司馬光の批判からも分かる。ただし残念ながら、中国では法制度は完備されたものの、法治主義は実践されず一貫して人治主義が貫かれた。政治の実態を知らず、単に文字面だけで中国を理解しようとしても、中国は絶対に分からない。

第5章 人の操縦術

明確な人材登用法

現在の中国は、日本や東南アジアとの領土問題を抱えているが、これは内政問題に比べれば微々たるものである。中国の政治課題の大部分は、共産党幹部の腐敗、環境汚染・環境破壊、農村と都市部の格差と戸籍（戸口）、急速な老齢化、地方政府の中央政府に対する不服従、などの内憂である。また年間には18万件もの暴動が全国で発生しているという。数年前に頻発した反日デモなど、彼らにとってはワンオブゼムに過ぎない。

普通の国ならとっくに国が大混乱し、崩壊しているかもしれないような危機的な状況にありながら、曲がりなりにも中国が国家として崩壊せずに済んでいるのは、中国共産党の幹部（政治家）の昇進システムが優れているためだと私は推測している。確かに、共産党の幹部の汚職は国民の激しい非難の的になっているものの、地方の行政官をいくつも経験し、長い時間をかけて成果を出した者だけが、スクリーニングされてトップに上ってくる。その結果、中国のトップの政治家は、総じて日本より桁違い（けた）に力量が備わっている。戦後だけを振り返ってみても、日本の政治家など足元にも及ばない凄い政治家が目白押しにいることに改めて感嘆する。この意味で、中国共産党には明確な「人の操縦術」や「人材登用法」があり、それを着実に実行している。私の独断ではあるが、現代中国の政治家の評価を表にして、次ページに掲げる。

中国における「人材登用法」は何も近年の共産党から始まったのではなく、遠く春秋戦国時代にもあった。その良い例が「まず隗より始めよ」（先従隗始）であろう。北の僻地の小国であった燕を一躍強国にしたのが、まさに郭隗のこの一言だった。

時代は下って、前漢の武帝は優秀な人材を次々と採用した。新人をあまりに多く採用し、次々と責任のある地位に就けるので、とうとう汲黯が怒って「陛下の採用はまるで、薪を積むように、新人の方が上の位に就く」（陛下用群臣如積薪耳、後来者居上）と苦言を呈した。しかし、この積極的な採用のおかげであったのだろう、武帝の時に漢は最大版図を誇った。

中国人の人材評価法や人材登用法は長い歴史の中で練り上げられてきた一つの文化である。中国のような複雑な社会では、日本とは異なり、多様な価値観をもった雑多な人間をうまくまとめていくことが求められる。その意味で、我々は謙虚な気持ちで、現在のグローバル社会における多彩な人の操作術および人材登用法を中国の古典から学ぶ必要がある。

政治家	評価	理由
江沢民(こうたくみん)（1926～） 	2	「反日愛国」と「親米」をスローガンとして、鄧小平時代の親日遺産を根こそぎ叩き潰して、実権を奪取することを画策した。自派やすり寄る者たちに利権をばらまき、その結果、底なしの政治腐敗をもたらした。確かに1990年代の江沢民政権期に中国が発展したのは間違いないが、それはひとえに、朱鎔基の功績と私は考える。
朱鎔基(しゅようき)（1928～） 	5	朱鎔基は北宋の政治家・文人の王安石(おうあんせき)を彷彿とさせる、頭脳明晰で実行力をもった偉大な政治家だ。強い信念を持つがために孤高であり、地位や権力を悪用して蓄財や徒党を組むことがなく清廉な人であったことも共通している。もっとも近親者の蓄財は指摘されてはいるが…。
胡錦濤(こきんとう)（1942～） 	3	胡錦濤は同じ共産主義青年団（共青団）出身である胡耀邦の人格に傾倒した。それで、胡耀邦の失脚時には鄧小平の判断に逆らい、胡耀邦の解任は不当だと主張。その一方で、チベットの民主化運動をいち早く武力鎮圧した。主席になってからは、江沢民派の巨大な勢力に阻まれて、政治面ではあまり実績を残していない。
温家宝(おんかほう)（1942～） 	4	胡錦濤政権にあっては、温家宝の果たした役割はかなり大きいと言える。かつての周恩来を思わすようなこまやかな気配りは国の内外で共感を呼んだ。西側での評価は胡錦濤より高いようだ。ただ、温家宝自身が関与したかは分からないが、身内の巨大な隠し財産が暴露されている。
習近平(しゅうきんぺい)（1953～） 	4	2012年に総書記に就任してから5年が経過したが、胡錦濤時代に解決できなかった共産党の最高幹部の腐敗の摘発にも踏み込み、着実に実績を上げている。南沙諸島問題では国際的に批判されているが、軍事的な領土拡大は習近平の一存ではなく、共産党の長老や軍部の意向と見るべきだろう。

独断による中国政治家の採点表

政治家	評価	理由
毛沢東（もうたくとう） （1893〜1976） 	4	旧体制を見事に破壊した。その後、幾多の権力闘争で無数の政治家、人民を巻き添えにした罪は建国の功績を帳消しにするほど重い。ただ、中国ではどの王朝も建国者は別格扱いで尊敬される伝統がある。今後も共産党の支配が続く限り、毛沢東は祖国の英雄として崇（あが）められ続けることは間違いない。
周恩来（しゅうおんらい） （1898〜1976） 	5	毛沢東がトップに立つや、敢えてその権力に挑まず耐え忍んだ。文革時には、先祖の墓を破壊するというパフォーマンスで旧体制批判をして紅衛兵の批判をそらすなど、外面的には日和見的な行動はあったものの、一貫して国民の福祉のために文字通り死力を尽くした。
劉少奇（りゅうしょうき） （1898〜1969） 	5	毛沢東の猜疑心から政敵とみなされ悲惨な最期を遂げたが、建国後の功績は偉大で、とりわけ経済面では毛沢東を遥かに凌ぐ。両者の関係は昔の例でいえば、あたかも劉邦（りゅうほう）をサポートした蕭何（しょうか）のようだ。ただ、毛・劉のふたりは劉・蕭とは違って、政権のトップを争うライバルであった。
鄧小平（とうしょうへい） （1904〜97） 	5	改革解放を提唱し、現代中国の発展をもたらした功績は高く評価される。その一方で、民主派の胡耀邦および趙紫陽（ちょうしよう）の解任と、天安門での軍事的弾圧は否定的評価を受けている。しかし、当時（1989年）の中国国内の情勢を考えて、西欧式の民主化は時期尚早とした鄧小平の判断は正しかったと私は考える。
胡耀邦（こようほう） （1915〜89） 	4	鄧小平に認められて総書記となり、信念をもって民主化を進めた。しかし、共産党の一党独裁を否定するとして、鄧小平も加わった保守派からの攻撃で辞任に追い込まれた。人気といい、脇の甘さといい、文人の風格といい、また政治的に不遇の最後を遂げたことといい、北宋の政治家・蘇軾（そしょく）（蘇東坡（そとうば））を連想させる。

人物鑑定法とは

中国古典というと、『論語』や『孫子』、あるいは『史記』を思い浮かべる人は多い。そしてたいていの場合、仁義や戦略などの内容（コンテンツ）について論じるが、それでは中国古典の一面しか見ていないことになる。例えば、料理をカロリーや栄養分だけで評価するようなものだ。

確かに、料理はカロリーや栄養を得るのが第一義であるのは間違いないが、それだけでなく文化的な側面も併せもつ。一流の料理の評価には、味だけでなく、盛り付け、配膳の順序も考慮される。それと同様、中国古典もコンテンツだけでなく表現法（レトリック）にまで注意を払って読むべきだと考える。

とりわけ、現在のグローバル社会において必要とされるグローバル視点、グローバル思考を養うにおいては、情報・知識のようなコンテンツもさることながら、レトリックも磨く必要がある。それには、中国古典がよい。なぜなら、中国古典はグローバル視点に立ったレトリックを学ぶ格好の書物であるからだ。

人を説得するには、論理（ロジック）だけでもダメで、常に具体例も一緒に示すべきだということが中国古典を読むとよく分かる。説得の原則は、論理と具体例のセットでなければならない。この点からいうと、ＭＢＡ流のロジカルシンキングでは、法則だけをごり押ししているような危うさを感じる。

論理と具体例がセットとなった説得術の具体例を資治通鑑で見てみよう。

戦国時代、魏の文侯（ぶんこう）に仕えた翟璜（てきこう）という知恵者がいた。文侯の心の綾を読むに長け、瞬く間に信頼を得て高位に昇った。そして自分の立場を一層固めるために有能な実務者を何人も推挙した。最後に政治コンサルタントの李克（りこく）を文侯に推挙して宰相の位を狙っていた。

資治通鑑　巻１・周紀１・ＢＣ４０３年（中華書局・Ｐ19）

文侯が李克に尋ねた。「先生は以前こう言いましたね、『家が貧しければ、良妻を思い、国が乱れれば、良相を思う』と。今、魏成（ぎせい）か翟璜のどちらかを宰相にしたいと思うのだが、どちらが適任と思われるか？」。李克が答えて言うには、「身分の低い者は高貴な者に助言をしないものだし、他人は親戚を押しのけて助言をしないものです。私は譜代の臣下では

ありませんので、ご下問に答えるわけには参りません」。文侯は、「先生、そうおっしゃらずにご返答下さいな」。そこで、李克は次のように答えた。「それでは人を判断する基準を申し上げましょう。人を判断するには、普段どういう人と付き合っているか、金を得たならどういう人に与えるか、自分が高位に就いたならどういう人を推薦するか、逆境の時には不正な行いをしないか、金に困った時に不正に金銭を受けとらないか。この5点さえ押さえておけば他に何を見る必要がありましょう！」。文侯が言った。「先生、よく分かりました。誰を宰相にするか決めました」。

李克が朝廷から出ると翟璜に出会った。翟璜が言った。「今しがた主上が先生を呼んで宰相を誰にするか尋ねたそうですが、誰がなるのでしょうね？」。李克が「魏成でしょう」と言うと、翟璜は顔色を変えて怒った。「そんな馬鹿な話がありますか！　国境の西河の守備隊長に呉起(ごき)を推挙したのは私です。鄴(ぎょう)に問題が起こった時に西門豹(せいもんひょう)を推挙しました。我が君が中山(ちゅうざん)を攻めようとした時に私が楽羊(がくよう)を推挙しました。中山が陥落してから先生を守備隊長に推挙しました。我が君の太子のお守り役（傅）に欠員ができた時に屈侯鮒(くっこうふ)を推挙しました。誰が見ても明らかなように、私は魏成には少しも劣っていないでしょう！」。

李克が言うには「あなたは、私を我が君に推挙したのは、私におもねって宰相の位を得るためだったのですか？　我が君が誰が宰相にふさわしいかと諮問されたので、かくかく、と答えました。我が君が魏成を選ぶだろうと私が考えるわけは、魏成は俸給を1000鐘（しょう）も得ているが、自分はわずかその1割をとるだけで、9割は卜子夏（ぼくしか）、田子方（でんしほう）、段干木（だんかんぼく）をはじめ他人に与えているのです。この3人はいずれも我が君が師と仰ぐ人たちである。それに引き換えあなたが推挙した5人は、我が君の臣下に過ぎない。これで、どうして魏成と比べられようか！」。翟璜は茫然としたが、気を取り直して李克に再拝の礼をして言った。

「私の考えが浅く口答えして申し訳ありませんでした。先生の弟子にしてください！」。

文侯謂李克曰：「先生嘗有言曰：『家貧思良妻，国乱思良相。』今所置非成則璜、二子何如？」対曰：「卑不謀尊、疏不謀戚。臣在闕門之外、不敢当命。」文侯曰：「先生臨事勿譲！」克曰：「君弗察故也。居視其所親、富視其所与、達視其所挙、窮視其所不為、貧視其所不取、五者足以定之矣、何待克哉！」文侯曰：「先生就舎、吾之相定矣。」

李克出、見翟璜。翟璜曰：「今者聞君召先生而卜相、果誰為之？」克曰：「魏成。」翟璜忿然作色曰：「西河守呉起、臣所進也。君内以鄴為憂、臣進西門豹。君欲伐中山、臣進楽羊。中山已抜、無使守之、臣進先生。君之子無傅、臣進屈侯鮒。以耳目之所睹記、臣何負於魏成！」李克曰：「子言克於子之君者、豈将比周以求大官哉？君問相於克、克之対如是。所以知君之必相魏成者、魏成食禄千鐘、什九在外、什一在内；是以東得卜子夏、田子方、段干木。此三人者、君皆師之；子所進五人者、君皆臣之。子悪得与魏成比也！」翟璜逡巡再拝曰：「璜、鄙人也、失対、願卒為弟子！」

李克は魏の文侯に、人を選ぶ基準は次の5点で十分だと述べた。

居視其所親　（居りてはその親しむところを視よ）
富視其所与　（富みてはその与えるところを視よ）
達視其所挙　（達してはその挙げるところを視よ）
窮視其所不為　（窮してはその為さざるところを視よ）
貧視其所不取　（貧してはその取らざるところを視よ）

文侯はこの第3番目の判断基準（メルクマール）で、魏成か翟璜のどちらが宰相に適任かを判定した。翟璜は有能な実務家を推挙したが、それは、君主から見れば与えた仕事をそつなくこなす実務派の能吏に過ぎない。

その反対に、魏成が推挙したのは、いずれも君主に政治のあり方を説く師であった。それも魏成は1人だけでなく3人も推挙したのだ。「達視其所挙」（達してはその挙げるところを視よ）から判断すれば、魏成の方が翟璜より圧倒的に宰相となるにふさわしいと文侯は判断したのであった。

李克は翟璜の推挙によって位を得たが、そういった私情にほだされて公的な判断を曲げなかった。翟璜は一旦は怒ったものの、李克の説明を聞き、冷静さを取り戻し、改めて李克に敬服の念を抱いた。人材登用の真諦を教えてくれる話ではないだろうか。

中国古典の魅力は人物鑑識において優れた見識に触れることができることだ。それも具体例を通して人物鑑定の法則を知ることができる。しかし何故、中国にこれほどまでの体系立った人物鑑定法が昔から備わっていたのかと考えると、過酷な生存競争があったからこそ、八観六験のような叡智に富む法則を導き出すことができたのではあるまいか？　それに対し、日本は、中国だけでなく、いろいろな国の歴史と比較すると、至って平穏な社会が比較的長期にわたり続いた国であった。つまり、生存競争が他国に比べると過酷ではなかったのだ。そういった国に、高度な人物鑑識眼が発達するはずがなかったともいえる。逆にいうと、このような平和な国・日本に育った日本人は現在のグローバル社会にあっては、過酷な試練を潜り抜けてきた国々の人々が肌感覚としてもっている共通認識を得るのはなかなか難しいといえる。

人の登用は人格より能力

中国の歴史は動乱の時代が日本に比べて比較にならないくらい長い。その中で、生き抜いていくため、あるいは敵に勝つためには、人格の良し悪しを問わないという考えはしばしば是認される。その証拠は、中国の４０００年にもわたり書かれた膨大な書物の至るところに見出すことができる。いろいろな思想が溢れていて、互いに矛盾する意見も併存するのが中国の書物である。

戦国時代の兵法家として孫子と並び称された呉起を見てみよう。

資治通鑑　巻1・周紀1・BC403年（中華書局・P21）

呉起は元来は、衛人であったが、魯に仕官した。斉が魯を攻めた時に、魯公は呉起を将軍に任命したいと思った。たまたま呉起の妻が斉人であったので、魯の人々は呉起は信用ならないと考えた。そこで、呉起は自らの手で妻を殺して二心のないことを実証したので、将軍に任命された。その結果、魯は斉に大勝した。しかし、陰で魯公に讒言する者がいた。「はじめ、呉起は曽参に教えを受けていたのですが、母が亡くなった時に、葬式をしなかったので曽参が怒って呉起を破門しました。今また妻を殺してまで将軍になりました。呉起はまことに残忍・薄行の人です。また我が魯は小国であるにも拘らず大国の斉に勝ったのですから諸侯はこれから本気で魯に向かってくることでしょう」。呉起は殺されるのではないかと恐れた。魏の文侯が賢明だと聞いたので亡命し仕官した。文侯は臣下の李克に呉起の人物について尋ねた。李克が答えて言うには「呉起は好色な上、金に汚い人ですが、用兵の才能は、かつての名将の司馬穰苴さえも凌ぎます」。そこで、文侯は呉起を将軍に任命し、秦を攻撃させた。呉起は期待に違わず、5城を占拠する戦果を挙げた。

呉起者、衛人、仕於魯。斉人伐魯、魯人欲以為将、起取斉女為妻、魯人疑之、起殺妻以求将、大破斉師。或譖之魯侯曰：「起始事曾参、母死不奔喪、曾参絶之；今又殺妻以求為君将。起、残忍薄行人也！且以魯国区区而有勝敵之名、則諸侯図魯矣。」起恐得罪、聞魏文侯賢、乃往帰之。文侯問諸李克、李克曰：「起貪而好色；然用兵、司馬穰苴弗能過也。」於是文侯以為将、撃秦、抜五城。

魯の将軍になるためには妻までをも殺してしまうのが、呉起という人物だ。しかし、その行為が仇となって魏に亡命する羽目に陥った。呉起の貪欲と好色は魏でも知らない者がなかった。それでも、魏の文侯は呉起を将軍に任命した。人格など関係なく、能力で人を採用するのが、戦国の世の定石である。この定石は戦国時代だけでなく、平和な時代においても中国では通用した。劉邦(りゅうほう)を助け、漢の「奇謀の士」(奇策を編み出せる人)と呼ばれた陳平(ちんぺい)にその例を見よう。

資治通鑑　巻9・漢紀1・BC205年（中華書局・P321）

周勃（しゅうぼつ）と灌嬰（かんえい）らが漢王の劉邦にこう言った。「陳平は外面（そとづら）は立派でも、中はとんでもないやつです。家にいた時には兄嫁と姦通したとの噂が立ったと聞いております。魏の家臣となったが、うまくいかず、楚（そ）（項羽（こうう））に仕えましたが、そこもうまくいかず、結局ここ（漢）に逃げてきたわけです。今、陛下は、陳平を重んじて護軍に任命しました。私たちは、陳平が将校たちから金を受けとり、多い者には良い場所を、少ない者には悪い場所を割り当てたと聞いております。陳平は裏切りの常習犯です。よく見て下さい！」

劉邦は、これを聞いて陳平を疑わしいやつだと思うようになり陳平を推薦した魏無知（むち）を呼んで問い質した。魏無知が答えて言うには、「私が陳平を推薦するのは能力であり、陛下の問うのは品行であります。今、たとえ昔の尾生（びせい）のように修養に励む品行方正な人物がいたとしても戦争に役立たないでしょう。そういった人物は何の役に立つというのですか！　今や、楚と我々漢がつばぜりあいしている時に私が推薦するのは、奇謀の士で、国家に役立つ人物です。兄嫁との姦通や賄賂を受けとったなどは問題にするに足りません」。

周勃、灌嬰等言於漢王曰：「陳平雖美如冠玉、其中未必有也。臣聞平居家時盜其嫂；事魏不容、亡帰楚；不中、又亡帰漢。今日大王尊官之、令護軍。臣聞平受諸将金、金多者得善処、金少者得悪処。平、反覆乱臣也、願王察之！」

漢王疑之、召譲魏無知。無知曰：「臣所言者能也、陛下所問者行也。今有尾生、孝己之行、而無益勝負之数、陛下何暇用之乎！楚、漢相距、臣進奇謀之士、顧其計誠足以利国家不耳。盜嫂、受金、又何足疑乎！」

陳平から次々と繰り出される奇策によって、劉邦は強敵の項羽を打ち破り、漢を建国することができた。劉邦亡き後、呂后（りょこう）によって漢の宗廟（そうびょう）が中絶させられそうになったが、陳平は呂后の存命中はわざと酒浸りの毎日を送り、呂后の疑念を払い、呂后の死去と同時に間髪を入れず呂氏一族を殲滅（せんめつ）して漢の宗廟を守った。この意味では、陳平は品行については、問題があったかもしれないが、魏無知が見抜いたように劉邦が必要とする人物であったことは確かだ。

日本人は概して几帳面な上に、潔癖性も強い。それで、人格的に瑕がある人は、いくら能力が高くとも切り捨てられてしまう傾向にある。しかし、広く世界を見渡してみると、日本人の潔癖性とは相いれない考えをする国も少なくない。呉起や陳平まではいかなくとも、アメリカのクリントン元大統領やイタリアのベルルスコーニ（Silvio Berlusconi）元首相など人格的には瑕があっても、実力で評価されている人も多い。漢代の書物といわれる『孔叢子』に、人材活用の要諦は「大工が木を使うように、用途に応じて適材適所」（猶大匠之用木也）であるというが、この点においては、目的に応じて臣下を上手に使いこなした明治天皇は日本人ばなれしていたといえよう。

元命婦で明治天皇に近侍していた樹下定江は明治天皇が常に「悍馬でさえも導けば矯め直すことが出来る。まして人間である、直して直らぬことはあるまい」と言っていたと述懐する。

また明治の元勲・大久保利通の次男で後に内大臣になった牧野伸顕の『回顧録』（中公文庫）によると、オーストリア公使時代、ジュス博士から日露戦争の勝利を祝された後、明治天皇の性格について質問された時、次のように述べた。「…維新以来数名のおのおの特徴ある、有為の政治家がいて、陛下はその長所をお取り上げになり、個人的なお好き嫌いなく、御使用になっておられ…」。いささかのお世辞は交じっているものの、明治天皇が強い個性の明治の元勲や大臣たちを見事に操っていたことが分かる。

士分の刑罰

「刑は大夫に上らず」（刑不上大夫）という言葉が『礼記』（曲礼上・第一）に載っている。字義通り解釈すると、「政府の高官（大夫）は罰せられない」となるが、実はそうではない。唐の大学者、孔穎達の注によると、「刑不上大夫」というのは、次のような意味であるとのことだ。「刑は大夫に上らずというのは、3000条もの法律には大夫の罪に関する項目はないという意味である。というのは、大夫というのは、必ず徳を備えているという前提であるので、もし大夫の刑罰を規定するとなると任命した君主がその大夫を見る目がなかったことになるからである」（刑不上大夫者、制五刑三千之科条、不設大夫犯罪之目也。所以然者、大夫必用有徳、若逆設其刑、則是君不知賢也）。

現在の日本では野党が政権与党を攻撃する時の一つの手段として「総理の任命責任」を

取り上げることがあるが、中国ではすでに紀元前から、任命者は責任を負う必要がないという認識であった。つまり罪を犯した本人が自主的に責任をとればすべておしまいになる。また『孔子家語』（五刑解）に、孔子が高弟の冉有（子有）の疑問に答えて次のように言っているのも同様の趣旨である。

孔子が言った。「高級官僚である大夫を含め、いわゆる君子といわれる人には法ではなく礼を適用する。というのは、彼らは自分の行いを顧みて恥を知る心（廉恥之節）をもっているからである。…重大犯罪を犯した者は、捕えなくとも処罰を伝えるだけで、礼の定める通り、畏まって自殺する」。

孔子曰：「凡治君子以礼御其心、所以属之以廉恥之節也…其有大罪者、聞命則北面再拝、跪而自裁」。

ただし、これらの説明はいかにも中国的で、形式論的すぎる感がなきにしもあらずだ、と感じる。

建前はともかく、実際に大夫が犯罪を犯したらどうなるのであろうか？　その時は、該当する法律がないので、そのつど別途協議すると『周礼』（秋官）に記されている。具体的には、次の8項目のどれかに該当する人の犯罪（八辟〈はちへき〉）は皇帝に報告され、つど処罰が検討される。

○議親——王室と姻戚関係にある者。
○議故——王との友人関係にある者。
○議賢——徳行に優れた者。
○議能——特異技能のある者。
○議功——大きな功績を挙げた者。
○議貴——大夫以上の貴族。
○議勤——憂国の国士たる者。
○議賓——臣下ではない独立独歩の者。

（以八辟麗邦法、附刑罰：一曰議親之辟、二曰議故之辟、三曰議賢之辟、四曰議能之辟、五曰議功之辟、六曰議貴之辟、七曰議勤之辟、八曰議賓之辟）

特別に検討するというのは、たいていは皇帝の配慮で、減刑されるという意味だが、厳罰に処す場合もある。しかしその場合でも一般人に適用される肉刑（手足などの切断）は行わず、自裁（自殺）を勧告する。それに従わない場合のみ強制的に処刑するということになる。ただ、人治の中国においては、権力バランスで、処罰などは法の条文などとは無関係に、どうにでもなるというのが実態であった。

それにしても、周代に定められた八辟の規定は、皇帝を共産党書記と読み替え、貴族を共産党員と読み替えると、２５００年たった現在の共産中国でも全く通用するのは驚くほかない。

賄賂をとった者に反省を促す奇策

さて以上の予備知識をもとにして次の文を読んでいただきたい。ここに登場する、長孫順徳は、唐の太宗（李世民）の賢妻である長孫皇后の親戚にあたり、太宗に従って数多くの軍功を挙げた人物である。

右驍衛で大将軍の長孫順徳は賄賂（絹布）を受けとったのがばれた。唐の太宗は「長孫順徳は今までに国家に多大な功績があった。わしは国庫を半分分けてもよいくらいだと思っていたのに、何故、はした金を貪ったのか！」。太宗は、長孫順徳の功績を考えると罰を与えるに忍びなく、宮殿の庭に呼び出して、絹の巻物、数十本を与えた。それを知った司直の胡演が抗議した。「長孫順徳は法を破って賄賂を受けとったのです。処罰すべきなのに、さらに絹布を与えるなんておかしいです！」。太宗が胡演をなだめて言うには「彼も人なら、絹布をもらう方が罰を受けるより一層の屈辱であると知るだろう。もし、全く

資治通鑑　巻192・唐紀8・AD627年（中華書局・P6032）

恥と感じないなら動物と同じで、殺したところで意味はない」。

右驍衛大将軍長孫順徳受人餽絹、事覚、上曰：「順徳果能有益国家、朕与之共有府庫耳、何至貪冒如是乎！」猶惜其有功、不之罪、但於殿庭賜絹数十匹。大理少卿胡演曰：「順徳枉法受財、罪不可赦、奈何復賜之絹？」上曰：「彼有人性、得絹之辱、甚於受刑；如不知愧、一禽獣耳、殺之何益！」

長孫順徳の受けとった絹布の賄賂は多分、全く大した額ではなかったと想像する。しかし、法の建前上、罰しないわけにはいかない。それで、太宗は、絹布の賄賂を受けとった長孫順徳に、追加の絹布を与えて、反省を促したのだ。鞭打って体罰を加えるより、当てこすりの辱めの方がずっと効くと考えたのだ。

結局「刑は大夫に上らず」（刑不上大夫）の意味するところは、犯罪防止の本質というのは、犯罪者をもれなく捕まえることでもなく、また犯罪者が言い逃れできないように、法を完璧に整備することでもない。自分の行いを恥じる心（廉恥心）を皆がもつような教育、および社会環境を整備するところにある、ということだろう。

賞は憎い部下にも与えよ、罰は可愛い部下にも与えよ

『三国志演義』は日本でも中国でも絶大な人気を誇っている。劉備玄徳や関羽などの蜀の人物に人気が集中している。その中でもとりわけ人気があるのが、諸葛孔明（諸葛亮）であろう。次々と智謀冴えわたる策を繰り出し、敵を翻弄するその華麗な策略と、悲壮な使命感を抱き、少数の手勢を率いて2度にわたり大敵の魏に攻め入り、最後には陣没した。そういった悲劇性が判官びいきの日本人の琴線に触れるのだろう。

しかし、『三国志演義』ではなく、正史の『三国志』の諸葛亮伝の最後に、編纂した歴史家陳寿は次のような評を載せる。

三国志　巻35・蜀書5（中華書局・P934）

諸葛亮は総理大臣として、庶民を慈しみ、礼儀を正し、役職の数を減らし、法の威厳に従い、誠意を尽くして、法治を広めた。国に忠誠を尽くし貢献した者は、個人的に仇敵で

あっても必ず賞を与え、逆に法に違反したり、義務を怠ったりした者は、親しい親戚や友人でも必ず罰した。服役して改心した者は重罪者であっても赦し、言葉巧みにごまかそうとしたり言い逃れする者は微罪であっても処刑した。少しでも善事を行った者には必ず賞を与えたが、少しでも悪行を行った者には罰を下した。すべての事柄を丹念にチェックし、物事の本当の原因を追及し、成果は、名目ではなく実質を求めた。それで、ウソ偽りは通用しなくなった。その結果、蜀においては、皆は諸葛亮を恐れる一方で、信頼した。刑や法は厳罰主義だが、怨む者は誰もいなかった。諸葛亮は常に公平無私で、意図するところが明らかであった。国を治める要諦を知っていたといえる。昔の斉の管仲（かんちゅう）や漢の蕭何（しょうか）に匹敵する名相だ。ただ、毎年のごとく兵を招集したにも拘らず全く成功することがなかった。この点では、将軍としては失格だ。

諸葛亮之為相国也、撫百姓、示儀軌、約官職、従権制、開誠心、布公道；尽忠益時者雖讎必賞、犯法怠慢者雖親必罰、服罪輸情者雖重必釈、游辞巧飾者雖軽必戮；善無微而不賞、悪無纖而不貶；庶事精練、物理其本、循名責実、虚偽不歯；終於邦域之内、咸畏而愛之、

刑政雖峻而無怨者、以其用心平而勧戒明也。可謂識治之良才、管、蕭之亞匹矣。然連年動衆、未能成功、蓋応変将略、非其所長歟！

陳寿の評の前半では、諸葛亮の統治においてその人格的な清廉さと厳格な法の適用によって良く治まったと述べる。しかし、最後の行において、一転して、彼は蜀の人民に連年、過剰な負担を強いたにも拘らず、結局、何ら得るところがなかったと批判する。結論としては、人格的には清廉だったが、戦略性に欠けるダメ宰相だったといっているのだ。

この諸葛亮の例に限らず、人物評価において、とりわけ歴史上の評価がすでに定まっている人たちに対して、自分なりの評価を下す場合は、一旦世評を忘れて、業績を冷静に評価する必要がある。この時、注意すべき点は行為の良し悪しを感情的に決めるのではなく、業績そのものの価値を客観的に評価することである。諸葛亮にしろ、幕末に長岡藩の家老であった河井継之助(かわいつぐのすけ)にしろ、確かに人格的には優れていたであろうが、政治の大局観に欠けていたといわざるを得ない。その結果、自身が悲劇的な役割を演じただけでなく、多くの無辜(むこ)の民に言い知れぬ厄災をもたらした。人格と業績を分離して別々に評価すべし、というのが私の言いたい点である。

ところで、この諸葛亮の評に現れた「忠を尽くし、時に益なる者は讎といえども必ず賞し、法を犯し怠慢なる者は親といえども必ず罰す」（尽忠益時者雖讎必賞、犯法怠慢者雖親必罰）という文句は、『春秋左氏伝』（襄公3年）が出典である。この語の由来について少し説明しよう。

晋の祁奚が老年になって辞職願を出した時に、晋侯から後任を推挙するように求められた。祁奚は自分の仇敵である解狐を挙げた。ところが、解狐が急死したので、さらに後任を挙げるよう求められたところ、今度は自分の息子である、祁午を挙げた。この公平な態度は世の君子から次のような称賛を受けた。「祁奚の推挙は見事なものだ、仇敵を挙げたのに諂っていると言われず、自分の息子を挙げたのに偏っていると言われなかった。『書経』にいう《偏なく党なく、王道、蕩蕩たり》とは祁奚のことだ」（祁奚於是能挙善矣。称其讎。不為諂。立其子。不為比。挙其偏。不為党。商書曰。無偏無党。王道蕩蕩。其祁奚之謂矣）。

私情より法の公正を重視した唐の太宗

私情をゆるさず法を厳正に適用した例を、資治通鑑に見てみよう。唐の2代目の皇帝、太宗（李世民）の時代に、皇太子の李承乾が父の太宗を弑逆しようと企てる事件が起こった。しかし、陰謀が明るみに出て関係者が捕まった。その内の1人に、太宗の姉、長広公主の息子（趙節）がいた。

中書令・楊師道が吏部尚書に配転させられた。理由は以下の通り。

資治通鑑　巻197・唐紀13・AD643年（中華書局・P6197）

昔、太宗の姉の長広公主が趙慈景と結婚し息子の趙節を生んだ。趙慈景が死んだので、長広公主は楊師道と再婚した。ところが、楊師道は長孫無忌らとともに、皇太子の李承乾の陰謀事件の処理を任された時、趙節をかくまって無罪にしようとした。それを知った太宗が楊師道を叱責して配転した。太宗は姉の長広公主を訪ねていったところ、長広公主は額を何度も地面に打ちつけて息子のために処分を緩くして欲しいと泣いて懇願した。太宗は、もらい泣きしながらも「賞は仇にも与えるし、罰は親戚にも与える、というのが天下の大綱だ。姉さんには悪いが処分を取り消すことはできない」と突き放した。

以中書令楊師道為吏部尚書。初、長広公主適趙慈景、生節；慈景死、更適師道。師道与長孫無忌等共鞫承乾獄、陰為趙節道地、由是獲譴。上至公主所、公主以首撃地、泣謝子罪、上亦拝泣曰：「賞不避仇讎、罰不阿親戚、此天下至公之道、不敢違也、以是負姉。」

太宗は、自分の姉の血涙の頼みも振りきって、甥の趙節を処刑したのだった。その時の文句が「法の厳正な適用は天下至公の道」だった。

我々は、この太宗の言動から何を学べばよいのだろうか？

現在の日本は何かというと、私的にも公的にも人としての「優しさ」が過剰に求められているように私は感じる。砂糖を入れすぎたコーヒーやケーキが旨くないように、理（ことわり）よりも情（優しさ）を過当に評価する現在日本の精神風土に私は脆さを感じる。身内に酷刑を科さなければならなかった太宗の心情を思いやると、自ずとリーダーが備えるべき凜とした精神的な強さの必要性が分かってくる。

ちなみに、太宗以外に「賞は仇讎を避けず、罰は親戚に阿らず」（賞不避仇讎、罰不阿親戚）の事例は中国の歴史にはいくつかあるが、その中でも「泣いて馬謖を斬る」が最も有名であろう。天才肌の若き馬謖が諸葛孔明のアドバイスを無視して、街亭の戦いで山上に陣取ったため、水源を断たれ大敗した。諸葛孔明は皆の反対を押し切って馬謖を獄に下し、処刑した。

また劉邦が天下を取った後、将軍たちが戦争が終わったので、用なしとなって殺されるのではないかと疑心暗鬼になっている時、張良のアドバイスで劉邦が最も嫌いな雍歯を侯に封じたため、ようやく皆が安堵したこともよく知られている。

遠くローマにも私情を挟まず、厳正な法の運用を身をもって示した人がいた。暴君を追放し、その後数百年もの長きにわたって繁栄した共和制ローマの礎を築いたブルータスだ。ブルータスはタルクィニウス王を追放して共和制を敷いた。しかし、王は秘かに共和制を倒す陰謀を企てた。皮肉なことにブルータスの2人の息子もその陰謀に加わっていた。しかし、奴隷の密告により陰謀の首謀者たちが次々と捕えられた。裸にされて鞭打たれた後、首を刎ねられた。ブルータスは息子の処刑を自ら命じて、処刑の一部始終を無言のまま見守った、といわれる（リウィウス『ローマ建国史』巻2、第5節）。

中国では、その後の歴史を見ると、残念ながら太宗の言葉が虚しく響く。現在においてすら中国は「人治国家」といわれるほど、権力をもつ者が超法規的な言動を繰り返しており、その実体は覆い隠すことはできない。ある報道によると、中国では毎年18万件もの暴動が発生しているといわれているが、その原因の多くが「法の厳正な適用」がなされず、共産党幹部たちの勝手気ままに社会が振り回されているためであるという。

人治の国・中国における法とは

ここで、中国では、法とは一体どういう意味合いをもっていたのか見てみよう。

中国の法家では韓非の名が挙がるが、韓非の考えた法の概念は我々のものとは違う。韓非には、現在の我々のように何でもかんでも法で縛ろうという意図はなかった。彼が目指していたのは、法制度の充実ではなく、国力の充実であった。法制度は単なる富国強兵の道具に過ぎない。

それは、当時の中国、つまり戦国の時代背景を考えてみれば分かる。当時、韓非の祖国、韓の国力の増強に最も害のあったのが、有力者が個人的利益目的で恣意的に他国と秘かに裏でつながることだった。いわゆる合従連衡家と呼ばれる外交コンサルタントが各国から賄賂をもらって、韓の政治・外交を撹乱していた。その結果、韓王ではなく他国の利益を代表した派閥が国の外交政策を誘導していたのだ（これは、現今の日本において、政治家・官僚がさまざまな利益団体からの圧力・誘導に振り回されて何も決めることができず、右往左往しているぶざまな様子を思い浮かべるとよく理解できる）。

韓非はそういった混乱の源である、国益に反する行為をした者を厳しく罰することが国力増進には必要だと考えた。その手段が、法治、つまり信賞必罰の実行だ。この時、彼が主張したのが、法の適用には貧富貴賤を問わないことであった。現代的感覚から考えれば当たり前の話だが、人の貴賤は生まれながらに決まっていると考えていた当時の中国人にとっては極めて異質かつ反社会的な発想であった。とりわけ、儒派からは、猛烈な反発をくらった。儒派は、公法より大切なのは、身内の思いやりであり、それは超法規的なものであると考えていた。

例えば『論語』（巻13）には次のような孔子の言葉が載せられている。

楚の一地方の長官である葉公が、自分の治めている土地の住民の遵法意識を自慢して孔子に次のように語った。「私の村には躬という正直者がいます。父が羊を盗んだ時に、子どもが証言しました」。それに対して孔子はこう答えた。「私の考える正直はそれと異なります。父は子どもの罪を隠し、子は父の罪を隠すのです。これが本当の正直というものです」。

葉公語孔子曰：「吾黨有直躬者、其父攘羊、而子證之。」孔子曰：「吾黨之直者異於是。父爲子隱、子爲父隱、直在其中矣。」

孔子の考えでは、身内が犯人の場合は、犯人を隠匿しない方をむしろ処罰しないといけないというのだ。このような文化背景があるので、中国では法を厳格に適用した裁判官が逆に非難され、あまつさえ非業の死を招くことが多くあった。例えば、秦の商鞅がいる。商鞅は、秦の孝公の時に、厳格な法を施行したことで辺境の一諸侯に過ぎない秦を一躍、戦国の雄に押し上げた。しかし、皇太子といえども法を厳格に適用したため、皇太子が即位して恵文王となるや、八つ裂きにされた。

さらに時代は下って、漢の時代に酷烈を売りものにした10人の官吏（裁判官・検事）の伝が『史記』に載せられている（巻122・酷吏列伝）。これらの酷吏たちは、厳格な法の適用にこだわったために、いずれも悲惨な最期を遂げたが、司馬遷は伝の最後に次のようにポジティブに評価している。

「この10人の内には人々の手本（儀表）にもなるような清廉な人もいれば、人々の戒めになるような姦汚な人もいた。しかし、いずれも計略を用いて人々を教え導き、結果的に世の中から姦邪をなくした。皆、文武の両面にわたって見識を備えていた。確かに残酷な面はあったものの、その役職を全うした」（然此十人中、其廉者足以為儀表、其汚者足以為戒、方略教導、禁姦止邪、一切亦皆彬彬質有其文武焉。雖惨酷、斯称其位矣）。

厳しくしすぎると自分の命が危なくなる、厳しくしないと汚職官僚が蔓延する、なんとも難治の国だ！

エピローグ
漢文の読み方

2000年たっても力強い文章

漢文を読むつど感心するのは、簡潔でありながら、状況が非常にリアルに描写されていることだ。例えば「舟中の指、掬すべし」（舟中之指可掬）という句が『春秋左氏伝』（宣公12年）に見える。楚と晋が黄河の畔で戦ったが、晋が敗れて退却する時、兵が我先にと船に殺到した。船が重みで沈みそうになったので、先に乗っていた兵が、後から船べりに手をかけて乗ろうとする兵の指を切った。それでもなお次々と兵が乗ろうとするので、切った指が両手で掬えるほど溜まったというのだ。絶叫と血しぶきで大混乱する様子を、わずか6字で見事に描写しきっている。

例えば「逸馬、道に犬を殺す」（逸馬殺犬於道）という句がある。北宋の名文家の欧陽修が、部下と街中を散歩している時、たまたま暴走した馬が道路で寝そべっていた犬を蹴り殺してしまった。それを見た欧陽修は「君たちならこの事件をどう書くか？」と聞いた。部下の一人は「犬が道路に寝そべっていたが、暴走してきた馬に蹴り殺された」（有犬臥于通衢、逸馬蹄而殺之）と答えた。もう一人の部下は「暴走した馬が通りを走ってきた。寝ていた犬

「君がこれに当たって死んでしまった」（有馬逸于街衢、臥犬遭之而斃）。それを聞いた欧陽修は「君たちに歴史書の編纂を任せたら、紙がいくらあっても足りないな」と言った。部下たちは「それではどう書けばよいのでしょうか？」と尋ねた。欧陽修の答えは「逸馬、犬を道に殺す」（逸馬殺犬於道）。それを聞いて、一同は大いに笑ったという。

中国では昔から、文人は凝縮した表現のために身を削って苦心した（彫心鏤骨）。こうして磨き上げられたために、２０００年たった現在でもなお、これらの文章や句は力強い響きを我々に与える。中国の歴史を読むと、異民族支配の時代が結構長い。それでも文を尊重する伝統は揺らぐことなく続いた。１９４９年に共産党政権が樹立され、その後の共産党の独裁によって、かつての文人階級が一掃されたので、あたかも文尊重の長い伝統が途絶したかのように考えるかもしれないが、現在の政治文書においてすら、しばしば古典的な故事成句を目にする。文尊重とは、単に意味が通ずるからそれで良しとするのではなく、由緒ある句や古典の一節を引用しつつ、じわりと自分の主張を明示することを良しとする考えだ。共産党政権下の現在でもなお、牢固として変わらない文尊重の伝統の根強さを、我々は知っておく必要がある（Ｐ１９４参照）。

漢文の訳文が難しいわけ

一般的に漢文の現代語訳は、どうしても堅くなってしまう。その理由は2つある。一つは漢文自体の問題で、もう一つは和訳する人の意識の問題である。

漢文自体の問題とは、特に史書の文章が意図的に凝縮されていることだ。前節で述べたように北宋の文人政治家の欧陽修は広道で暴れた馬によって犬が殺された事件の状況を、「逸馬殺犬於道」（逸馬、道に犬を殺す）とわずか6文字で表現した。これではまるで電報だ。このような電報文を律儀に直訳すれば、ひからびた文章になるのは無理もない。

漢文の訳が堅い、というもう一つの理由は、書き下し文の文体にある。現代語訳を作る時にはたいてい、一度書き下し文に直してから訳すが、この書き下し文というのは平安時代の言い回しのため、そこから現代語に訳すとどうしても古風な言い方になってしまう。古風な表現と電報のようなぶっきらぼうな文章のせいで、鮮血がほとばしる猟奇的殺人事件でも、セピア色の靄（もや）がかってしまい、全く恐ろしくない印象を与えてしまう。

私の訳はこのような伝統を全く無視して、独自の方法で訳した。つまり、資治通鑑の漢文を読んで、情景を頭の中でバーチャルに映像化するのだ。そして、もしその映像を現代のジャーナリストが見たらどう表現するだろうかと推測しながら、文章を作った。リアル感を付与するには、すべてを現代人の目で見直す必要がある。そのため、度量衡（重さ、長さ）や金銭もできる限り、現代の感覚で表現した。それによって、資治通鑑の文章が一層の迫真性をもってくる。

私の考える古典の読み方とは、古典も一つの情報源と見て、自分自身の視点から古典の内容を吟味し、取捨選択することである。さらに、古典に書かれている内容を自分の血肉とする上で欠かせないのが、その場面に自分がいたらどのように感じるかという「現在感」をもちつつ読むということである。「現在感をもつ」という言葉は抽象的で分かりにくいが、自分ならその場面でどう対応するかを考えながら読むことだ。歴史を「過去に起こった出来事」と醒めた眼で見るのではなく「明日にも街で出くわすかもしれない出来事」という感覚で見るためには、無理と無謀を承知で、あえて現代的視点で漢文を読むことが必要である。

目からウロコの漢文攻略法——英語に置き換えるとぐ〜んとよくわかる！

高校の時に漢文を習うが、返り点のルールがはっきりと理解できずまるでパズルみたいだ、という印象を持たれた人は多いだろう。英語のように、単語を覚え、文法を理解し、英文解釈の本を読む、という系統立った攻略法が存在しないので「漢文なんて一生読めない」とあきらめた方も多いのではないだろうか。

しかし、あきらめるのは早い。漢文は単語力と解釈力を強化すれば、すらすら読めるようになるのだ。単語力は、英語と同じく時間をかけて暗記するしかないが、解釈力は英語の文法知識を少し流用するだけでぐ〜んと伸びる。そのコツをこっそり伝授しよう。

ルール1　that節を見つける。

例えば、「曰く」という語句に続く節は英語でいうthat節である。それ以外にもいくつかのthat節がある。

例…聞、信、請、以為(おもえらく)、所以(ゆえん)。これらの節を見つけたら、英語と同じくその部分をブロックで囲ってしまうと、複雑な返り点が不要となる。英文解釈でも経験したように、文章をブロックごとにくくって理解すると非常にわかりやすいのは漢文もまったく同じだ。

ルール2　前置詞を見つける。

英語では前置詞の後には必ず名詞が来る。簡単な前置詞といえば、from, to, towards, at, through などが挙がる。漢文でもこれらに該当する前置詞を覚えることだ。例えば「自」という語は普通は自(self)とか、自(おのず)と考えるが、このような思い込みが漢文を読めなくさせている。「自」の次に名詞が来ている場合、これを前置詞「from」の意味に解釈すると、たいていの場合(英語でいうrule of

前置詞のリスト(一部)

英語	漢語
from	自　従　由
to	到　至
towards	向
at (in space)	於　于
through	経　由　歴
with	以　与
because of	為　因　以　由

thumb）、意味がすっと通る。

ルール3　再読文字は無理に戻って読まない。意味だけ理解すればよしとする。

訓点が複雑になった一つの大きな理由がこの再読文字である。歴史的な訓点で正しく読める、という従来の漢文教育とは異なり、私の主張するのは漢文の意味を理解するという観点からはこの再読文字は単なる強調語と考えて1回だけ読み、わざわざ2回読むために返り点をつけない。そうすると、訓点の複雑度は半減する（慣れてくると、自然と2度読みできるようになる。その時でも、複雑な訓点は不要である）。

再読文字のリスト（一部）

漢字	読み方	英語
須	すべからく～すべし	must
猶	なお～のごとし	as if, like
盍	けだし	why not
将	まさに～せんとす	about to
未	いまだ	not yet
宜	よろしく～すべし	had better to

ルール4　英語に置き換えて理解する

漢文のテストによく出てくる問題として「以是」と「是以」の差を説明せよ、というのがある。丸暗記をしても、テストでは必ず戸惑うだろうが、これも英語に置き換えて理解しよう。

「以（も）（って）」は「with」、「是（これ）」は「this」、よって「以是（これをもって）」は英語に直訳すると「with this」となる。つまり、手段を示すわけだ。次に「是以（ここをもって）」は「是（ここ）」を「there」と考え、「以」は「fore」と考えると「there-fore」となる。つまり理由を示すのだ。また、間違いやすい全否定と部分否定では「常不＝always not」と「不常＝not always」と置き換えて理解すると1回で覚えられる。

これらのルールを使って、もう一度あきらめていた漢文に挑戦してみてほしい。暫（しばら）く練習すると、すらすらと読めるようになり、逆に返り点がついている方がうっとうしく思えてくることであろう。

図版　タナカデザイン
校正　小学館出版クォリティーセンター

麻生川静男［あそがわ・しずお］

1955年、大阪府生まれ。リベラルアーツ研究家、博士（工学）。京都大学工学部卒業、同大学院・工学研究科修了、徳島大学大学院工学研究科後期博士課程修了。1980年、住友重機械工業入社後、アメリカ・カーネギーメロン大学に留学。その後、ITエンジニアとして勤務、カーネギーメロン大学日本校プログラムディレクター、京都大学産官学連携本部・准教授を務めた。著書に、『本当に残酷な中国史』、『社会人のリベラルアーツ』『日本人が知らないアジア人の本質』『本当に悲惨な朝鮮史』などがある。

ブログ「限りなき知の探訪」http://blog.goo.ne.jp/shizuo_asogawa

著者エージェント：アップルシード・エージェンシー

編集：岡本八重子

世にも恐ろしい中国人の戦略思考

二〇一七年 八月六日 初版第一刷発行

著者 麻生川静男

発行人 清水芳郎

発行所 株式会社小学館
〒一〇一-八〇〇一 東京都千代田区一ツ橋二ノ三ノ一
電話 編集：〇三-三二三〇-五一二〇
販売：〇三-五二八一-三五五五

印刷・製本 中央精版印刷株式会社

Printed in Japan ISBN978-4-09-825304-3